LEON JOSKOWITZ

VOM KOCHEN UND TÖTEN

Kulinarische Meditationen über den Anfang der Menschheit

WESTEND

Mehr über unsere Autoren und Bücher:
www.westendverlag.de

Die Deutsche Nationalbibliothek verzeichnet diese Publikation in der Deutschen Nationalbibliografie; detaillierte bibliografische Daten sind im Internet über http://dnb.d-nb.de abrufbar.

Informationen zum Covermotiv:
Faustkeil: Altpaläolithikum
Material: Kieselschiefer, Fundort: Bad Salzuflen, Kreis Lippe, 1997
Foto: Stefan Brentführer / Landschaftsverband Westfalen-Lippe

FSC
www.fsc.org
MIX
Papier | Fördert gute Waldnutzung
FSC® C014889

ISBN 978-3-86489-394-0

Umschlaggestaltung: Buchgut, Berlin
Zeichnungen S. 49, 52: Urban Hüter
Satz: Publikations Atelier, Dreieich
Druck und Bindung: Pustet, Regensburg
Printed in Germany

Inhalt

Von Tieren und Menschen

Bei meinem ersten Mal war ich vier oder fünf Jahre alt. Wir verbrachten die Osterferien auf einer griechischen Insel, bei Freunden meiner Eltern. Ich streunerte mit den anderen Kindern durch das Dorf, als ich einen Mann bemerkte, der ein Lamm im Arm trug. Ich ging ihm nach und sah, wie er in einem kleinen Steinhaus verschwand. Leise schlich ich hinter ihm her und stellte mich neben den Eingang an die Wand. Es dauerte einen Moment, bis sich meine Augen an das matte Licht in dem Raum gewöhnten, und ich erkannte, dass dort bereits einige Männer in einem Kreis standen. Der Lammträger trat in ihre Mitte und legte das kleine Tier auf einen Tisch. Die Beine des Lamms waren zusammengebunden, sein Fell war ganz hell, nur an manchen Stellen hatte es staubige, braune Flecken. Der kleine Körper hob und senkte sich mit jedem Atemzug, und mit seinem schwarz glänzenden Auge suchte es ziellos die Decke ab. Die Männer standen ruhig, fast andächtig um das Lamm herum, bis einer mit tiefer Stimme zu singen anfing. Die anderen stimmten mit ein und wiederholten die Melodie. Sie bauten kleine Variationen ein, und während sie sangen, blickten sie das Lamm in ihrer Mitte mit ernsten Gesichtern an. Als sie geendet hatten, legte der Vorsänger dem Lamm seine Hand auf den Kopf, und mit einem Messer, das ich zuvor nicht bemerkt hatte, schnitt er dem Tier die Kehle durch. Es ging sehr schnell, eine einzige Bewegung hatte gereicht. Ich schrie, aber nur innerlich, nur stumm. Die Spannung der Männer hatte sich auf mich übertragen. Gemeinsam sahen wir zu, wie das Leben aus dem kleinen Geschöpf wich und sein Blut zu Boden fiel. Der erste Schwall ebbte rasch ab, und als es nur noch tröpfelte, wurde das tote Tier aufgehängt. Einige Männer wandten sich zum Gehen. Da wurde ich entdeckt. Was machst du hier? Das ist nichts für Kinder! Mit einer wedelnden Handbewegung scheuchte man mich aus dem Raum, und die warme Frühlingssonne nahm mich zurück in ihre Arme. Ich stolperte Richtung Wasser und fand am kleinen Hafen meine Freunde wieder. Keiner fragte, wo ich gewesen war, und während ich bald wieder in ihrer Mitte spielte, hörte ich weiter die sanften Stimmen der Männer. Ich sah das kleine Lamm und sein ziellos suchendes Auge, sah das blitzende Messer in der kräftigen, von der Sonne gegerbten Hand und das Blut, das aus dem Tier herausfloss und auf den Boden fiel. Ich sah alles noch genau vor mir.

Ich habe niemanden davon erzählt, auch nicht am nächsten Tag, als sich das Lamm über einem offenen Feuer drehte und langsam von einem toten und blutigen Stück Fleisch in einen köstlich duftenden Braten verwandelte. Manch einer der Erwachsenen mag sich gewundert haben, warum ich so lange am Feuer saß und dabei zusah, wie das Tier Runde um Runde drehte, aber niemand befragte mich dazu, und ich hatte nichts zu sagen. Es gab nichts, das ich hätte mitteilen wollen. Ich war bloß voller Fragen. Irgendwie ahnte ich bereits, dass die Fragen, die damals von mir Besitz ergriffen, nicht durch die üblichen, pragmatischen Ratschläge Erwachsener beantwortet werden konnten. Es waren keine normalen Fragen, Fragen, die man einmal stellt und auf die man eine kluge oder eine dumme Antwort bekommt und danach wieder vergisst. Es waren – wie ich später lernte – philosophische Fragen. Alte und edle Fragen, deren Sinn nicht allein in den Antworten liegt. Fragen, die einen eigenen Wert haben, die sich verwandeln und weitere Fragen nach sich ziehen, die zu Freunden werden, die einen zur Verzweiflung treiben oder in Verzücken versetzen. Fragen, die Wochen, Monate und manchmal sogar Jahre verschlingen.

Was hatte das Lamm getan? Warum musste gerade dieses Lamm sterben? Wie kann sich ein Körper, der eben noch blutig war, über dem Feuer in eine köstliche Speise verwandeln, die einen alles vergessen lässt? Könnte mir das Gleiche widerfahren wie dem Lamm? Was passiert nach dem Tod? Warum töten und essen wir Tiere, aber keine Menschen? Und nicht zuletzt: Wie komme ich an das leckere Fleisch?

Es waren die Fragen eines Kindes, aber sie blieben mir treu, und als ich Jahre später anfing, Philosophie zu studieren, lernte ich, sie neu zu formulieren. An der Universität tauchte ich in die Welt der Begriffe und der Ideen ein, und was ich im Moment der ersten Anschauung intuitiv erfasst hatte, ordnete sich in komplexe anthropologische, soziologische, naturphilosophische, ethische, metaphysische und evolutionsbiologische Zusammenhänge. Ich verstand, dass ich mit meinen Fragen nicht allein war. Sie wurden von Philosophen und Philosophinnen zu allen Zeiten gestellt und gipfelten in einer einzigen Frage: Was ist der Mensch?

Man lehrte mich, dass sich die Menschen von den Tieren unterscheiden. Man lehrte mich, dass die menschliche Würde unantastbar ist; dass Menschen klüger sind als andere Tiere; als einzige Art über eine symbolische Sprache verfügen; ja, frei sind, anders zu handeln, als die Natur es ihnen vorgibt; dass Menschen vernünftige Lebewesen sind; und dass all diese Besonderheiten uns zu kulturellen und moralischen Wesen machen. Außerdem haben wir Technik, Kunst, Wissenschaft und Philosophie erfunden, und wir können die Welt nach unseren eigenen Vorstellungen gestalten, was uns zu gottähnlichen Geschöpfen macht. Diesen Argumenten konnte und wollte ich nicht viel entgegensetzen. Ich akzeptierte sie fürs Erste und nahm meinen Status und meine Privilegien als *Homo sapiens* an.

Doch nach einiger Zeit kamen Zweifel in mir auf. Die meisten Menschen haben nie etwas erfunden, weder ein philosophisches Buch gelesen noch ein Kunstwerk erschaffen. Säuglinge können weder sprechen, noch sind sie frei. Und überhaupt: Sind Krieg, Folter, Sklaverei und Genozide nicht genuin menschliche Erfindungen? Warum bilden sich die Menschen auf ihre Klugheit, ihre Kultur und ihre Moral so viel ein, dass sie sich *Homo sapiens* nennen, was übersetzt nichts anderes als ›vernünftiger Mensch‹ heißt? Warum nehmen wir uns das Recht heraus, die Natur und alle anderen Tiere als unseren Besitz zu begreifen? Wie unterscheiden sich Menschen und Tiere ganz genau? Und wie ist es zu dieser Unterscheidung gekommen?

Das Studium der alten Bücher half mir nicht wirklich weiter. Während der Philosoph Immanuel Kant den Unterschied zwischen Menschen und Tieren Ende des 18. Jahrhunderts noch für absolut und unerklärlich hielt[1], ist seit Mitte des 19. Jahrhunderts klar, dass die vernünftigen Menschen nicht einfach immer schon vernünftig gewesen sind. Damals legte Charles Darwin seine berühmte Evolutionstheorie[2] vor, und es war nicht mehr zu leugnen, dass Menschen nicht als *Homo sapiens* von Gott erschaffen wurden, sondern selbst mal Tiere waren und alles am Menschen sich im Laufe einer evolutionären Naturgeschichte langsam entwickelt haben musste: Die kulturelle Lebensart, die Werkzeuge, Technik, das menschliche Bewusstsein, analytisches Denken, die symbolische Sprache, Rationalität, Freiheit, Individualität, Subjektivität, Moral und auch das Vermögen, eigenständig über Gut und Böse nachzudenken, müssen im Laufe der Evolution entstanden sein. Aber wie?

Diese Fragen sind nicht neu, und wie die Bezeichnung *Homo sapiens* anzeigt, ging der Biologe Carl von Linné, der uns diesen Namen 1758 gab, anfänglich noch davon aus, dass das besondere Merkmal der modernen Menschen nicht in ihrer tierischen Natur zu finden sei, sondern mit der Vernunft zusammenhänge.[3] Nun sind die Hoffnungen, dass die menschliche Vernunft dazu beitragen würde, Krieg, Hunger und Elend zu überwinden, noch nicht in Erfüllung gegangen, und mit der Zeit verblasste auch die Idee, dass die Menschen frei und selbstbestimmt leben könnten. Im Laufe des 20. Jahrhundert geriet der philosophische Charakter des *Homo sapiens* immer mehr in Vergessenheit, und nach der Entdeckung der DNA durch James Watson und Francis Crick im Jahre 1953 gaben sich viele mit der Vorstellung zufrieden, dass die Frage nach der Entstehung der Menschen und der menschlichen Kultur von der molekularen Evolutionsbiologie beantwortet werden könnte.[4] Man dachte nun, dass Menschen bloß genetisch leicht veränderte Affen seien und die menschliche Lebensform auf eine Reihe von genetischen Mutationen zurückzuführen sei.

Auch ich hing unbewusst diesem Glauben an und las erwartungsfroh Charles Darwins Hauptwerk *Über die Entstehung der Arten*, *Mankind Evolving*[5] von Theodosius Dobzhansky und eine Menge anderer Bücher zur Evolution.[6] Ich wollte herausfinden, wie die menschliche Art genau entstanden ist. Doch zu meiner großen Überraschung scheint die weit verbreitete Annahme, dass die Biologie die Antwort auf die Entstehung der menschlichen Kultur gefunden hätte, in die Irre zu führen. Natürlich gibt es genetische Unterschiede, und einige besondere körperliche

Merkmale der Menschen sind offensichtlich. Aber weder unsere Gene noch der aufrechte Gang, die nackte Haut, der kleine Kiefer, die bewegliche Hand und auch nicht das große Gehirn können erklären, warum menschliche Tiere begannen, ihre Welt zu gestalten. Die Biologie kann keine Gründe dafür angeben, warum es vorteilhaft wurde, sich nicht mehr nur der Umwelt anzupassen, sondern das Leben selbst in die Hand zu nehmen, dauerhafte Werkzeuge herzustellen und weiterzuentwickeln, die Angst vor dem Feuer abzulegen, Nahrung zu kochen, sprechen zu lernen, Ge- und Verbote aufzustellen, das Leben nach eigenen Gesetzen zu gestalten und ins Reich der menschlichen Kultur einzutreten.

Wie kam es dazu, dass sich nicht mehr die körperlich stärksten Affen durchgesetzt haben, sondern jene, die gute Geschichten erzählen konnten und gute Erklärungen für die Phänomene der Natur fanden? Seit wann können Menschen überhaupt sprechen, und seit wann regeln Menschen ihr Zusammenleben durch moralische Tabus? Warum war es vorteilhaft, dass die menschlichen Kiefer im Laufe der Evolution kleiner und die Gehirne größer wurden?

Ich war gerade dabei, mein Studium abzuschließen, als ich von einer archäologischen Ausgrabungsstätte las: An einem Ort namens Gesher Benot Ya'aqov, im heutigen Israel, wurden Feuersteine, verbrannte Knochen, aufgebrochene Tierschädel, Werkzeuge aus Stein und die Überreste von 55 verschiedenen essbaren Pflanzenarten entdeckt. Darunter Wein, Oliven, wilde Gerste und Nüsse.[7] Die Forscherinnen rund um die Paläontologin Dr. Naama Goren-Inbar datieren die Funde auf rund 790 000 Jahre vor unserer Zeit, und die Vorstellung, dass Menschen bereits vor knapp 800 000 Jahren am Feuer saßen und kochten, faszinierte mich. Aber es kam noch besser. Obwohl die Hinterlassenschaften in Gesher Benot Ya'aqov nur von einer menschlichen Lebensform stammen können, wurde kein einziger fossiler menschlicher Knochen gefunden. Bis zum Abschluss der Grabungen blieb unklar, welcher biologischen Art die Funde zuzuordnen sind, und niemand weiß, wer diese Menschen waren.[8] Offenkundig ist hingegen, dass sie sich nicht mehr bloß an ihre Umwelt anpassten, sondern ihre Welt schon gestalten konnten. Sie hatten das Feuer unter Kontrolle gebracht und sie kochten ihre Nahrung! Der Fund lässt die Annahme zu, dass das Vermögen, die Wirklichkeit nach eigenen Vorstellungen und Bedürfnissen zu verändern, viel älter ist als die biologische Art des *Homo sapiens*. Dessen Anfänge werden derzeit auf einen Zeitraum vor 40 000 bis 300 000 Jahren vor unserer Zeit datiert. Die archäologischen Spuren einer uralten kochenden Kultur führen uns also vor Augen, dass es schon lange vor dem *Homo sapiens* Lebewesen auf der Erde gab, die uns heutigen Menschen insofern ähnelten, als sie sammelten, jagten, kochten, ihre Nahrung teilten und gemeinsam speisten. Sonst wissen wir nichts über sie. Weder wissen wir, wie sie miteinander kommuniziert haben, noch, ob sie Tänze oder Rituale kannten; von den Fragen, wie sie ihr soziales Leben organisiert haben, in welchem Verhältnis die Geschlechter standen und ob sie schon Tabus kannten, ganz zu schweigen. Sicher ist nur, dass mit dem Kochen und dem Teilen von Nahrung eine Methode sichtbar wird, sich aus der Welt zu nähren, die es schon viel länger gibt als die modernen Menschen und die Einblick in die tiefe Vergangenheit bietet. Das Kochen und die Küche sind älter als der *Homo sapiens*. Sie sind nicht – wie das Rad oder die Schrift – einfach zum Menschen hinzugekommen, sondern sie haben die Menschwerdung begleitet. Das Kochen und das Leben am Feuer können die Entwicklung des menschlichen Bewusstseins einsichtig machen.

Menschen waren mal Tiere, und ein zentraler Unterschied liegt darin, dass Menschen sich weniger an ihre Umwelt anpassen, sondern im Gegenteil dazu neigen, ihre Umwelt selbst zu gestalten. Die Menschen sind Schöpfer ihre eigenen Welt, und das Kochen ist eine uralte Tätigkeit, die erklärt, wie und warum die Menschen ihr Vermögen, die Wirklichkeit zu gestalten, ausbilden konnten. Im Unterschied zu den Tieren, essen Menschen nicht einfach, was sie in der Natur finden. Menschen wählen ihre Zutaten aus, tragen sie in eine Küche, zerschneiden sie und kochen sie, bis sie lecker und bekömmlich sind. Durch das Kochen verändern die Menschen ihre Körper, ihre Sicht auf die Dinge, ihr Verhältnis zu den anderen Tieren und die Dynamik ihres sozialen Alltags.

Anfänglich überblickte ich die Zusammenhänge nicht. Ich ahnte, dass ich etwas auf der Spur war, aber ich traute meinen Ideen nicht. Es schien mir unglaubwürdig, dass noch niemand vor mir die Küche als Ort der Menschwerdung erkannt haben sollte.[9] Je mehr ich jedoch darüber nachdachte, desto deutlicher wurde, dass alle Elemente des menschlichen Lebens und der Kultur in einem Bezug zur Küche und zum Kochen stehen. Hier trifft der Hunger der Tiere auf die menschliche Neugier, und der Wille, die Welt nicht einfach anzunehmen, wie sie ist, sondern sie zu verbessern, bahnt sich seinen Weg.

Auf Lateinisch heißt Küche *culina,* und das deutsche Wort ›kulinarisch‹, welches nun mein Begleiter wurde und in diesem Buch eine wichtige Rolle einnimmt, hat entgegen der üblichen Verwendung nichts mit Genussreisen oder Sternerestaurants zu tun, sondern heißt einfach ›auf die Küche bezogen‹. Wenn ich hier also von kulinarischen Lebensformen, kulinarischen Meditationen oder kulinarischer Wanderschaft spreche, dann meint dies: Leben in der Küche, Nachdenken in der und über die Küche, kochen, am Feuer sitzen und gemeinsam speisen! Der Gedanke ließ mich nicht mehr los. Ich hatte mein Studium abgeschlossen und begann, als Koch zu arbeiten. Ich verlagerte mein Leben vom Seminar in die Küche, und langsam begannen die Teile sich wie in einem großen Puzzle zu fügen. Ich war einer Universalie auf der Spur, die alle Menschen verbindet: der Küche! Zugleich wurde mir klar, dass mein Wissen gering war und ich in der Stadt das Geheimnis der Küchen und unserer kulinarischen Lebensart nicht lüften könnte.

Auf kulinarischer Wanderschaft

Ich wusste kaum etwas über Herkunft, Anbaubedingungen, Sorten, Qualität, Lagerung, Kreisläufe, die Aufzucht von Tieren, den Handel von Lebensmitteln, und erst recht wusste ich nichts über das Töten. Ich aß Fleisch wie die meisten anderen auch, also gedankenlos und viel. Doch ich hatte im Studium gelernt, einer Sache auf den Grund zu gehen. Ich wollte also alles wissen und den Weg der menschlichen Nahrung vom Anfang bis zum Ende, von der Saat bis zur Pflanze, vom Kalb bis zum Schnitzel, vom Metzger in die Küche und vom Teller in den Mund verfolgen. Ich wollte die Herstellung, die Zubereitung und die Wirkung der Nahrung studieren.

Ich begann, auf einem Weingut zu arbeiten. Ich erntete Äpfel in der Steiermark und beschnitt Pfirsichbäume in Südfrankreich. Ich molk Kühe und holte Honig aus den Waben. Ich wendete Käselaibe, buk Torten für Touristen in Südtirol und kochte Reisbrei für Nonnen. Ich stopfte Enten und presste Öl aus Oliven. Ich lernte, meine Messer zu schleifen und Tiere zu zerlegen. Ich pflückte Beeren und essbare Blüten, und ich nahm alle meine Geduld zusammen, um zu beobachten, wie aus Meerwasser Fleur de Sel wird. Ich fuhr zur See, saß im Nieselregen beim Angeln, fischte im Amazonas nach Piranhas, trieb Schafherden zusammen, braute Bier, brannte Schnaps und sammelte Pilze und Wildkräuter. Alle Tätigkeiten standen in einem Bezug zur Küche, zum Kochen und zum Essen. Ich lernte, wie man den Boden bearbeitet, Keimlinge pikiert, Jungpflanzen setzt, Ställe ausmistet, wie aus Trauben Wein wird, wann welche Früchte reif sind, wie man sie anbaut und erntet oder wo man sie in guter Qualität kaufen kann. Und natürlich kochte ich. Ich lernte das Feuer und die Garzeiten kennen, die Töpfe und Werkzeuge, die Rezepte und Routinen, die Tricks, die Liebe, das Salz, die Butter, die Anstrengungen, das frühe Aufstehen, die späten Feierabende und die Sauferei. Ich schaute italienischen Großmüttern ihre uralten alchemistischen Geheimnisse ab, hob mit den Maori in Neuseeland Erdöfen aus und briet mit brasilianischen Gauchos Picanha über dem offenen Feuer. Ich lernte wie man aus einigen Zutaten und mit etwas Hitze Speisen zaubern kann, die die Menschen satt und glücklich machen.

Mit der Zeit fügten sich die vielen Elemente zu einem Bild zusammen. Wie ein Mosaik, das lange verdeckt war und das man nur vorsichtig und langsam freilegen darf, um nicht Gefahr zu laufen, es durch zu große Eile zu zerstören.

Neun Gänge durch das Buch

Die kulinarischen Meditation beginnen mit dem Sammeln, weil das Sammeln eine Bewegung ist, die schon ausgeübt wurde, bevor es Menschen gab, und die immer noch zu unserer Lebensart gehört. Heute sagen wir Einkaufen (→ *Sammeln*). Dann verfolge ich den Unterschied zwischen Menschen und Tieren bis zu den ältesten überlieferten Werkzeugen zurück. Es sind Schneide- und Küchenwerkzeuge aus Stein, die der Beschaffung und der Zubereitung von Nahrung dienten (→ *Schlagen).* Sie heißen ›Faustkeile‹

oder ›Geröllgeräte‹ und zeugen davon, dass Menschen bereits vor zwei bis drei Millionen Jahren über scharfe Klingen verfügten, die es möglich machten, andere Tiere fein säuberlich zu zerlegen (→ *Schneiden*). Mit diesen Klingen aus Stein kommt eine neue Art zu töten in die Welt: das Töten mit Waffen (→ *Jagen*). Es schafft eine Distanz zwischen den Jägerinnen und Jägern und ihrer Beute, die es möglich macht, zu beobachten, wie die eigene Hand die Klinge führt und einem anderen Lebewesen die Kehle durchschneidet. Man kann seinem Opfer in die Augen schauen, und da anfänglich noch nicht geklärt ist, wer Tier und wer Mensch ist, kommt diesem Augenblick bei der Entstehung des menschlichen Bewusstseins eine große Bedeutung zu (→ *Töten*).

Vieles fällt in eins in dieser frühen Zeit.

Die Menschen folgen ihrer Neugier[10] und legen die Angst vor dem Feuer ab. Ist das Feuer erst unter Kontrolle, erhellt es die Nacht und wärmt. Es schützt vor Feinden und es bedeutet eine revolutionäre Lösung für das älteste Problem der Natur: den Hunger. Mit dem Kochen stiften die Menschen eine Tradition, die bis in unsere Gegenwart andauert. Heute nennen wir den Raum, der in der Urzeit als einfaches Feuer entstand, ›Küche‹. Küchen sind soziale und kommunikative Räume. Orte der geteilten Aufmerksamkeit, der Kooperation, des Teilens und der Verwandlung. In Küchen sprechen Menschen miteinander, sie blicken gemeinsam ins Feuer, es wird geträumt und getanzt. Um das Feuer und in den Küchen beginnt die menschliche Lebensform Gestalt anzunehmen, und das Fundament wie die Struktur der menschlichen Kultur zeichnen sich ab (→ *Kochen*). Es ist ein eigenartiges Gefüge, eine Konstellation aus Licht, Wärme, Geselligkeit und Kooperation, aus Verwandlungen, Sattheit, Ruhe und Ekstase, und ja, dem Töten und dem Tod, die das menschliche Bewusstsein und die menschliche Art auf den Weg bringt.

Die ersten Köchinnen und Köche wissen noch nicht, was sie tun. Sie sind Wesen des Übergangs, und während sie lernen, wie die Dinge sich über dem Feuer verändern lassen, transformieren sie auch sich selbst. Über die Zeit wird die Küche zu ihrer Nische, zu einem sozialen Ort, an dem eine neue Art entstehen kann: die menschliche Art. Die Küche ist der Ort der Verwandlung und der Versammlung. Sie ist Werkstatt, Bühne, Tempel, Tribunal und Parlament. Sie wird zur menschlichen Lebenswelt und zu unserer zweiten Natur. Man passt sich nicht mehr Tag und Nacht, dem Leben in der Steppe oder den Jahreszeiten an, sondern dem kulturellen Leben in der Küche. Die Werkzeuge, das kulinarische Handwerk und der Schutz des Feuers machen alte körperliche Erbschaften überflüssig. Wer seine Nahrung kocht, muss nicht mehr stundenlang auf Rohkost herumkauen. Wer mit Waffen aus der Distanz tötet, braucht keine Fangzähne. Es wird vorteilhaft, mit einem feineren Mundwerk geboren zu werden, das nicht dem Kampf mit der Beute dient, sondern der Fähigkeit, sich schöner zu artikulieren. Wer die Töne besser trifft und seine Laute feiner nuancieren kann, wer bessere Ausdrücke für die neuen Prozesse, das soziale Leben und die Mehrdeutigkeit, die am Feuer und beim Kochen ins Leben einziehen, findet, gewinnt an Ansehen. Die Sprache erweist sich als praktisch, um die Prozesse der Verwandlung zu beschreiben, sie kreativ zu gestalten und sich über die Wirkungen der Speisen auszutauschen; ebenso bei der Koordination der Jagd, der Bestimmung von Sammelgründen und bei der Organisation des sozialen Alltags. Es setzen sich nun Individuen durch, die mit mehr Gehirn geboren werden. Sie lernen schneller, variieren die Laute und geben die Sprache an die nächste Generation weiter. Die Sprache wird komplexer und abstrakter, und sie bekommt eine symbolische Dimension. Es wird möglich, mittels der Sprache über sich selbst, über soziale Beziehungen und die eigene Handlungen nachzudenken (→ *Sprechen*). Am Feuer beginnen die Menschen darüber zu sprechen, wie sie leben wollen, was richtig und falsch ist. In Küchen denken Menschen über ihr Handeln und ihre Beziehungen untereinander und zu den anderen Tieren nach. Wer nicht sprechen kann, nicht sprechen will, kein Gehör findet oder sich nicht auf die Bedingungen der sprachbegabten Menschen einlässt, bleibt vom Gespräch ausgeschlossen. Bald wird diese kommunikative Grenze manifest und bedingt eine ethische Setzung: Man unterscheidet nun zwischen denen, die nicht sprechen, den Anderen und Fremden, den Tieren, die man töten und fressen darf; und den Eigenen, die sprechen können und tabu sind, den Menschen (→ *Wir und die Anderen*).

Doch die Ähnlichkeit ist noch groß. Einige Menschen erkennen sich in ihrer Beute wieder. Sie werden sich ihrer eigenen Taten bewusst und erschrecken vor sich selbst. Menschen sind Tiere, denen ihre eigenen Handlungen fremd werden und die eine symbolische Sprache finden, um damit umzugehen. Im Widerschein des Feuers beginnen sie darüber zu reflektieren. Die Natur zeigt sich ihnen als monströse Fressorgie und offenbart ein ethisches Dilemma: Einer muss sterben, damit die anderen leben können. Eine Tatsache, die nach einer Deutung verlangt und diese im Opferkult findet. Das Opfer inszeniert die Tötung, es rechtfertigt die Tat und regelt die Verteilung der Beute. Als Ritual, das der archaischen Gewalt und dem Töten eine kulturelle Form gibt, zeugt das Opfer von Lebewesen, die ihr Handeln mit symbolischer Bedeutung aufladen und sich um Rückbindung an die Natur bemühen. Zugleich ist das Opferritual eine Performance, die darüber entscheidet, wer getötet werden darf und wer welchen Anteil vom Fleisch erhält. Im Opferritual bekommt die uralte Frage nach der Verteilung der Beute ihre menschliche Form: das Gesetz (→ *Lachen*).

Heute ist das Töten und Opfern aus dem öffentlichen Leben verschwunden. Wir haben den Kontakt zu den Tieren, den Sinn und das Verständnis für das Opfer verloren, und damit auch den Blick für die ethische Differenz, die im Opfer ausgehandelt wurde. Der Übergang von einer natürlichen Fressordnung der Tiere über frühe kulinarische Tabus bis hin zu moralischen Regeln, ist ins Dunkel der prähistorischen Vergangenheit abgesunken. Der Unterschied zwischen Menschen und Tieren ist so alt, dass er als natürliche und biologische Differenz erscheint, aber das Opfer erinnert uns daran, dass er im gleichen Maße eine ethische Setzung ist: Tiere dürfen getötet werden, Menschen nicht.

Noch herrscht ein diffuses Gefühl der Entfremdung gegenüber der Natur und den Tieren, weil die Einsicht in den Prozess der Distanzierung von unserer tierischen Natur verstellt ist. Gleichzeitig zeigt sich immer deutlicher, dass etwas an der Grenze zwischen Mensch und Tier nicht stimmen kann: Die Vorstellung, dass dem Menschen eine Sonderstellung zukommt, dass es sich beim Menschen gar um einen Höhepunkt oder das Ziel der Schöpfung handelt, hat sich als fataler Irrtum erwiesen. Sie hat nicht nur zu einem zynischen und instrumentellen Verhältnis zu den Tieren geführt, sondern sie zeichnet für einen unvorstellbaren *Evolutionsbruch* mitverantwortlich. Obwohl es heute möglich ist, die alte spirituelle Einsicht, dass alle Lebewesen miteinander verwandt sind, naturwissenschaftlich zu fundieren, bedroht die menschliche Lebensart das Glück aller. Eine Ideologie, wie die unsere, die keine Antwort auf das Massensterben der Tiere hat und sehenden Auges ihre eigenen Lebensgrundlagen zerstört, muss falsch sein.

Es ist geboten, das Zusammenleben der Arten neu auszuhandeln. Nicht nur, aber vor allem, um das menschliche Leben auf der Erde dauerhaft zu ermöglichen. Wäre es nicht so ernst, könnte man es für eine Ironie der Geschichte halten, dass der Umgang mit den Tieren, der die menschliche Art einst hergestellt hat, heute neu verhandelt werden muss, um das Verschwinden der menschlichen Art zu verhindern. Neue Formen der Kohabitation sind unausweichlich. Die Rede vom *Homo sapiens* muss auf den Prüfstand gestellt und die Differenz zwischen Tieren und Menschen neu in den Blick genommen werden. Es ist die einzige Möglichkeit, um der grassierenden Entfremdung zwischen Mensch und Tier entgegenzutreten, der klaffenden Wunde zwischen Natur und Kultur Linderung zu verschaffen und das Problem der Verteilung und des Hungers unter den Menschen anders in den Blick zu bekommen.

Blicke ich zurück, erscheint es merkwürdig, dass die Küche nicht schon früher als Ort der Menschwerdung sichtbar wurde. Sicher gab und gibt es Menschen, die ähnliche Gedanken teilen, und dennoch ist nach wie vor wenig darüber bekannt, welche Rolle die kulinarische Lebensform bei der Menschwerdung einnimmt. Dies liegt nicht zuletzt daran, dass der Blick auf die hier formulierten Einsichten strukturell verstellt ist und mir nur möglich wurde, weil ich mit einigen gängigen Ansichten gebrochen habe, die ich für Irrtümer halte: So habe ich akzeptiert, dass ein eindeutiger Anfang der menschlichen Art ebenso wenig ausfindig zu machen ist wie eine definitive Grenze zwischen *Homo sapiens* und dem Neandertaler oder auch älteren hominiden Arten. Die Annahme, dass der *Homo sapiens* eine fertige Art sei, ist falsch. Ein klarer Anfang ist nicht zu erkennen, und Menschen sind immer noch in Veränderung begriffen. Einige antiquierte Wissenschaftler mögen weiterhin davon ausgehen, dass der Mensch der Natur eine Ordnung ablesen könne, oder gar an der Idee einer Höherentwicklung in der Natur mit den Menschen an der Spitze festhalten. Aber es gibt bereits Denkerinnen, die das Verhältnis zwischen Menschen und Tieren in gleichem Maße kommunikativ und ethisch wie biologisch denken.[11] Es liegt an uns, einzusehen, dass der Unterschied zwischen Menschen und Tieren der Natur nicht eingeschrieben ist, sondern mit jeder Schlachtung neu hergestellt wird. Und diese Einsicht produktiv zu machen.

Die Natur und die Arten sind in fortwährender Veränderung, in Verdauung, Assimilation und Metamorphose begriffen, und keine Zuschreibung, Benennung oder Bestimmung einer biologischen Art kommt ohne den menschlichen Einfallsreichtum aus. Deshalb will ich diese Vorrede nicht ohne das Zugeständnis beenden, dass der kulinarischen Lebensform im Sinne einer objektiven wissenschaftlichen Erkenntnis nicht nahezukommen ist. Ich betone ausdrücklich die subjektiven, die narrativen und fröhlichen Elemente des Denkens. Was Menschen von Tieren unterscheidet, ist das Vermögen und die Lust, Geschichten zu erzählen.[12] Und wie schnell stoßen wir dabei an die Grenzen von Raum und Zeit. Sogar Kausalität und Logik gehen vor der menschlichen Fantasie leicht in die Knie. So sind auch diese kulinarischen Meditationen kein Sachbuch im herkömmlichen Sinne, sondern eine philosophische Reise und eine Liebeserklärung an die spekulative Philosophie. Ich lasse in diesem Buch Personen auftreten wie in einem platonischen Dialog, und ich habe mir die Freiheit genommen, ihnen ihre eigenen Worte in den Mund zu legen. Das heißt nicht, das dies alles nicht passiert ist, aber was Realität und was Dichtung ist, welche Gedanken in mir gereift oder gar zur Welt gekommen sind und welche Teile ich den vielen

Gesprächen und Lektüren verdanke, kann ich kaum mehr sagen. Es braucht daher den Mut und die Bereitschaft, sich in einer Zone der Ununterscheidbarkeit aufzuhalten, um dem, was ich hier zusammengetragen habe, etwas abzugewinnen.

Ob die ältesten Faustkeile bereits vor über zwei Millionen Jahren dafür verwendet wurden, um Tieren die Haut abzuziehen und sie in Steaks zu schneiden? Seit wann Menschen das Feuer beherrschen? Wann der erste Mensch gedacht hat: ›Ich bin was Besonderes!‹? Bis wann der *Homo sapiens* die anderen Menschenarten gefressen hat? Wie lange es gedauert hat, bis die Frage ›Wer darf getötet werden?‹ zu einem ethischen Problem wurde? Wann das Verhältnis von Kannibalismus und Anerkennung zum ersten Mal diskutiert wurde? Und welche Rolle der Musik bei alldem zukommt? Das ist schwer zu beantworten.

Wie es jedoch um die Bereitschaft steht, andere Tiere zu töten oder töten zu lassen, muss man sich fragen, wenn man wissen will, wie wir zu denen wurden, die wir sind. Die Frage ›Wer darf getötet werden?‹ stammt aus der Natur, aber erst in der Küche bekommt sie eine ethische Dimension. Ihr nicht auszuweichen, sondern sie auszuhalten und sich der Verantwortung für das eigene Handeln zu stellen, macht uns zu Menschen, und dieses ethische Vermögen verdanken wir unserer Herkunft aus einer kulinarischen Lebensform.

Am Anfang war die Küche.

Sammeln

»zwei beine um zu gehen · hände frei zum tragen«

raoul schrott – erste erde[13]

Da kein Punkt erkennbar ist, an dem die Geschichte der Menschheit einfach beginnt, stelle ich mit dem Sammeln eine Bewegung an den Anfang. Das Sammeln von Nahrung kommt in der Natur in vielen Formen vor, und es ist der Hunger, der die Tiere dazu motiviert, sich in Bewegung zu setzen. Es mag trivial klingen, aber der Hunger ist das älteste Problem der Natur und eine natürliche Konstante, die alle Tiere gemeinsam haben. Oder, wie es der berühmteste Gastrosoph der Geschichte, Jean Anthelme Brillat-Savarin, ausgedrückt hat: »Alles, was lebt, nährt sich.«[14] Wie die anderen Tiere sammeln auch Menschen Nahrung aus ihrer Umgebung und unterscheiden dabei, was als Nahrung in Betracht kommt und was nicht. Wie man die Nahrung auswählt und sich ihrer Bekömmlichkeit versichert, unterscheidet sich von Art zu Art, aber alle sind in der Lage, ihre Nahrung sicher zu bestimmen, egal, ob Hund, Affe oder Mensch. Unsere schiere Existenz zeugt davon, dass unsere Ahnen ihre Nahrung seit Millionen von Jahren sicher identifizieren können. Wäre das nicht der Fall, hätten die frühen Menschen sich vergiftet und wären wieder ausgestorben. Wir würden nicht existieren. Ich könnte diese Zeilen nicht schreiben, und Sie könnten sie nicht lesen.

Seit Leben auf der Erde existiert, müssen die Fragen »Was kann man essen und was nicht? Was ist bekömmlich und lecker? Was ist giftig? Wie fühle ich mich nach dem Essen?« beantwortet werden. Auch Tiere beißen nicht einfach blind in die Welt hinein, sondern sie machen sich mit den Dingen vertraut, bevor sie sie fressen. Sie schnüffeln und berühren die Dinge, die sie als Nahrung in Betracht ziehen, und gelangen auf diese Weise zu sinnlicher Gewissheit darüber, ob sie etwas in sich aufnehmen oder lieber nicht. Man darf annehmen, dass die frühen Hominiden – lange bevor Menschen begannen, den Dingen Namen zu geben – sich auf eben diese sinnliche Art der Bekömmlichkeit ihrer Nahrung vergewissert haben.

Heute riechen Menschen kaum noch an ihrer Nahrung, bevor sie sie in ihren Korb legen und nach Hause tragen. Wie auch? Die Nahrung ist größtenteils verpackt, die Sinne vieler Menschen sind stumpf, und den modernen Städtern sind ihre Lebensmittel fremd geworden. Man vertraut den Labels und dem Mindesthaltbarkeitsdatum, wiegt die Inhaltsstoffe der Nahrung mit naturwissenschaftlicher Genauigkeit ab, und wenn man dauerhaft Probleme mit der Verdauung hat, lässt man sich auf Unverträglichkeiten durchchecken. Keine Städterin muss selbst entscheiden, ob etwas essbar oder giftig ist. Man bekommt es gesagt: Es gibt keine giftigen Dinge im Handel. Das Essen wird serviert oder nach Hause gebracht. Der *Homo sapiens* prüft seine Umgebung nicht mehr auf ihre Essbarkeit, und da Fähigkeiten, die nicht in Gebrauch sind, schnell vergessen werden, haben viele Menschen verlernt, eigenständig über bekömmlich oder schädlich, essbar oder giftig zu entscheiden. Würden alle Namen und Beschriftungen von einem Tag auf den anderen wegfallen, wären die meisten von uns wohl völlig hilflos und würden entweder verhungern, sich vergiften oder anfangen, darüber nachzudenken, wen von den Nachbarn man zuerst fressen soll. Unsere Vorfahren hingegen mussten ihre Nahrung selbst auswählen. Sie konnten sich weder auf Lebensmittelgesetze verlassen, noch hatten sie eine App zur Bestimmung von Pilzen oder Pflanzen zur Hand. Bestimmt haben sich nicht wenige dabei vergiftet. Die Linie, der wir entstammen, hat es hingegen geschafft. Unsere Ahnen konnten offensichtlich zwischen bekömmlich und giftig, zwischen gut und schlecht unterscheiden. Sonst wären wir nicht hier.

Woher wussten die Menschen also, was sie sammeln konnten, was essbar ist und was giftig, bevor die Lebensmittelverordnungen und die Nahrungsmittelindustrie es ihnen gesagt haben? Wie haben sie die Welt gesehen? Was an ihrem Blick auf die Welt war dem unseren ähnlich?

Im Wald

Um mehr über die Wahrnehmung und das frühe hominide Bewusstsein in Erfahrung zu bringen, gehe ich in den Wald. Obwohl heute kaum mehr ein Evolutionsbiologe annimmt, dass die Menschen von Affen abstammen, sondern die meisten von einem sogenannten ›Last Common Ancestor‹ (LCA), einem »letzten gemeinsamen Vorfahren«[15], ausgehen, gefällt uns die Vorstellung noch immer, dass unsere Ahnen in den Bäumen lebten. Außerdem kann ich beim Spazierengehen gut nachdenken. Ich will versuchen, ein Bild davon entstehen zu lassen, wie unsere Ahnen ihre Nahrung bestimmt haben, bevor sie die Baumkronen verließen und begannen, als nomadische Sammler das Land, die Flüsse und die Küsten der großen Gewässer zu erkunden.

Im Wald schließe ich die Augen, hole tief Luft und schlage die Lider auf. Ich sehe Farben und Licht. Oben ist es hell, unten dunkler. Ich kann verschiedene Grüntöne und Blattformen unterscheiden und der Wind rauscht in den Baumkronen. Dort raschelt es im Unterholz, und irgendwo klopft ein Specht. Ich sehe und höre meine Umgebung, Netzhaut und Trommelfell sind intakt. Die sinnliche Wahrnehmung funktioniert. Das Sehen, Hören, Riechen, Schmecken, Fühlen und Tasten darf ich als gegeben voraussetzen, wenn ich die besondere Qualität des menschlichen

Bewusstseins erklären will. Es sind Fähigkeiten, über die nicht nur Menschen verfügen, sondern die bei allen Säugetieren vorkommen.

Ich laufe weiter und entdecke immer mehr Formen, Farben und Dinge. Ein kleiner Bach plätschert über moosgrüne Steine. Das Licht der Herbstsonne funkelt durch die Kronen der Bäume und überzieht ihre dicken, feuchten Wurzeln mit einem metallischen Glanz. Ich beobachte einen Moment den Lauf des Wassers und verweile kurz in einem Zustand sorgloser Zufriedenheit. Doch dieser Zustand gedanklicher Freiheit hält nur sehr kurz an. Bald machen sich Lust oder Schmerz bemerkbar, Müdigkeit und Langeweile stellen sich ein, ich will zum Smartphone greifen und ich bekomme Hunger. Die Aufmerksamkeit und das Begehren gelten schon wieder den flüchtigen und essbaren Dingen.

Distinktionsvermögen

Die längste Zeit der Menschheitsgeschichte haben wir pflanzliche Nahrung in der Natur gesammelt. Das sinnliche Vermögen, zu entscheiden, welche Teile der Welt essbar und welche giftig sind, muss im Laufe der Menschheitsgeschichte gut funktioniert haben. Alle Affen und alle hominiden Arten, die vor dem *Homo sapiens* auf der Erde gelebt haben, teilten die Fähigkeit, Dinge zu begehren, die ihren Leibern verlässlich als Nahrung dienten. Wer nicht in der Lage war, zwischen essbar und giftig zu unterscheiden, wer nicht wusste, wie die Welt schmeckt, und die Geschmäcker nicht beurteilen konnte, hat sich eher früher als später vergiftet und starb aus, bevor er oder sie Nachkommen zeugen konnte. Deshalb ist die Fähigkeit, Nahrung zu erkennen und zwischen essbar und giftig unterscheiden zu können, von höchster Bedeutung. Ich möchte sie *Distinktionsvermögen* nennen. Dieses Distinktionsvermögen ist allen lebenden Wesen gegeben und muss schon in den frühen Phasen der Entwicklung des Lebens funktioniert haben.[16] Ein Lebewesen, das die Unterscheidung zwischen essbar und giftig nicht zu treffen vermag, ist gar nicht denkbar. Genetisch leicht veränderte Nachkommen etablierter Arten, die auf dem Weg zu einer neuen Art waren – Darwin nannte sie ›Varietäten‹ –, die dieses Distinktionsvermögen durch einen unglücklichen Zufall nicht vererbt bekamen, mussten sich zwangsläufig vergiften und konnten sich folglich nicht vermehren. Es muss viele Unglückselige gegeben haben, denen es so ergangen ist und die folglich niemals zu eigenen Arten wurden. Allen lebenden und erfolgreichen Arten hingegen ist die Fähigkeit eigen, bekömmliche von giftigen Dingen unterscheiden zu können.

Es gibt also sehr gute Gründe, davon auszugehen, dass nicht nur Menschen, sondern auch andere Tiere fähig sind, ihre Nahrung zielsicher auszuwählen. Der Begriff *sapiens,* der bekanntlich zur Beschreibung unserer Art dient, heißt übersetzt nichts anderes als *vernünftig, weise oder* oder auch einfach: *Feinschmecker.*[17] Er leitet sich vom Wort *sapere* für ›schmecken‹ oder ›riechen‹, und dem Wort *sapor* für ›Geschmack‹ und ›Urteil‹ ab. Wenn also auch Tiere schmecken und beurteilen, ob sie etwas in sich aufnehmen wollen oder nicht, dann verliert der Begriff *sapiens* so einiges an Exklusivität. Ein grundlegendes Element von Vernunft, nämlich Entscheidungen zu treffen und darüber zu urteilen, ob etwas gut oder schlecht für einen selbst ist, scheint in allen Lebewesen, die sich aus der Welt nähren, vorhanden zu sein. Andere Säugetiere und Menschenaffen sind in jedem Fall dazu in der Lage.

Rational und instinktiv

An dieser Stelle argumentieren die Anwälte des *Homo sapiens* gerne, dass es einen entscheidenden Unterschied mache, ob ein Lebewesen seine Entscheidungen rational oder instinktiv treffe. Manche gehen sogar noch weiter und wollen den Tieren trotz der eben dargelegten Fähigkeit, sich erfolgreich mit der Welt vertraut zu machen und sich aus der Welt zu nähren, jede Form von Bewusstsein absprechen.

Auch ich leugne nicht, dass es verschiedene Formen von Bewusstsein und verschiedene Qualitäten von Entscheidungen gibt. Es ist unproblematisch, eine nur zwischen Menschen anzutreffende Spielart von Bewusstsein *rational* zu nennen. Aber das schließt nicht aus, dass andere Tiere über eigene, uns nicht zugängliche Formen von Bewusstsein verfügen könnten. Die US-amerikanische Tierethikerin Christine M. Korsgaard bemerkt dazu, dass nichtmenschliche Lebens- und Bewusstseinsformen für Menschen nur ansatzweise und nur hinsichtlich bestimmter Aspekte nachvollziehbar sind.[18] Es gibt etwas am Leben der Tiere, das uns uneinsichtig bleibt.

Und gleichwohl können wir durch die Beobachtung tierischen Verhaltens und mithilfe der Logik einiges über die Tiere erkennen als auch Vermutungen anstellen, welche Formen der Wahrnehmung und des Bewusstseins den frühen Hominiden schon eigen waren, bevor sie anfingen, regelmäßig Werkzeuge zu verwenden und ihre Nahrung zu kochen.

Tiere sind aufmerksam. Sie beobachten sowohl ihre Artgenossen als auch die Tiere, die ihnen gefährlich werden können, und natürlich haben sie ihre Beute im Blick. Tiere sind neugierig, allen voran junge Säugetiere machen sich spielend mit der Welt und den anderen Lebewesen vertraut. Tiere können abwarten, zögern, sich tarnen, wenn sie auf die Jagd gehen, und sie können sich totstellen. Sie kennen verschiedene Methoden, um andere zu täuschen und nicht selbst zur Nahrung zu werden. Man darf annehmen, dass manche Tiere eine Vorstellung davon haben, dass sie gesehen werden. Diese Annahme legt es nahe, diesen Tieren auch ein Bewusstsein zuzusprechen, das um eine – zumindest rudimentäre – Form von Selbst kreist. Anders kann ihr Verhalten kaum erklärt werden. Weiterhin ist bekannt, dass Tiere Vorräte für den Winter anlegen. Sie wissen offenbar, dass sie bald keine Nahrung mehr finden werden, und sorgen vor. Sie müssen einen Bezug zur Zukunft haben, irgendeine Art Zeitbewusstsein oder Zeitgefühl, das die sinnliche und instinktive Resonanz mit der Welt um eine Kenntnis dessen erweitert, was kommen wird. Ähnliches gilt hinsichtlich der Kenntnis des Raumes. So kehren Lachse und Schildkröten nach Jahren der Wanderung durch die Weltmeere an den Ort ihrer Geburt zurück und bringen dort selbst ihre Nachkommen zur Welt. Irgendeine Art von Wissen muss man ihnen einräumen, um zu erklären, wie sie sich orientieren.[19] Ähnlich, wenn auch nicht ganz so spektakulär, verhält es sich bei den Ameisen, die uns Menschen nicht nur hinsichtlich des Sammelns von Nahrung ähneln. Im Gegensatz zu Affen und den meisten anderen Tieren, verspeisen Ameisen ihre Nahrung nämlich nicht an Ort und Stelle, sondern bringen sie in ihren Bau. Dort teilen sie die Nahrung mit den anderen. Freilich finden wir bei den Ameisen keine Küchen, aber die Tatsache, dass die Nahrung nicht gleich verzehrt wird, sondern jede Ameise offensichtlich damit einverstanden ist, ihren Hunger zu zügeln und die Nahrung zu einem späteren Zeitpunkt mit den anderen zu teilen, macht den kulinarischen Anthropologen neugierig. Es scheint eine Art Übereinkunft zwischen den einzelnen Ameisen bezüglich der Speiseordnung zu geben, die im Sinne der ganzen Kolonie ist. Obwohl Ameisen uns Menschen äußerlich sehr fremd sind, ähneln sie den Menschen hinsichtlich ihrer sozialen, kommunikativen und kulturellen Struktur auf erstaunliche Art und Weise.[20]

Tiere leben nicht wie bloße Idioten in der Gegenwart, sondern sie stellen zeitliche und räumliche Bezüge zur Zukunft und zur Vergangenheit her, sie haben Kenntnis ihrer Umwelt und empfinden Angst, Schmerz und sogar Trauer. Der gesunde Menschenverstand und das logische Denken führen gleichermaßen vor Augen, dass Tiere in einer Beziehung zu ihrer Umwelt leben, die sich nicht aus einem rein mechanischen Reiz-Reaktions-Schema ableiten lässt. Tiere, zumindest diejenigen, die sich mittels eines komplexen Sinnesapparates in der Welt orientieren, müssen eine Form von Bewusstsein haben. Obwohl sie uns nicht in unserer Sprache von ihrer Form des Bewusstseins berichten, dürfen wir davon ausgehen, dass sie über ein Bewusstsein verfügen, das zu ihrer Welt passt.

Wer trotz aller empirischen Gründe immer noch nicht einsehen möchte, dass auch andere Tiere abwägen und Entscheidungen treffen, also ein Verhalten an den Tag legen, das ohne die Annahme von Bewusstsein und rudimentärer Rationalität nicht zu begreifen ist, und jedes kognitive und geistige Vermögen weiterhin als exklusives Merkmal des *Homo sapiens* verstanden wissen will, sieht sich zudem einem philosophischen Problem ausgesetzt: Er müsste eine plausible Erklärung dafür anbieten, wie rationales Entscheidungsvermögen, menschliches Bewusstsein und sogar die menschliche Freiheit aus unbewussten, biochemischen und zufälligen Prozessen entstanden sind. Eine solche Erklärung ist mir jedoch nicht bekannt.

Häufig bricht das Nachdenken über die Verwandtschaft von Tieren und Menschen an dieser Stelle ab. Es scheint, dass es nur zwei Option gibt: Entweder man begreift die geistigen Vermögen des Menschen – in der Tradition von Platon über Descartes bis Kant – als der Natur entgegengesetzt, oder man führt Bewusstsein im Sinne eines reduktiven Naturalismus[21] gänzlich auf Materie zurück. Während die erste Option an einer absoluten Differenz zwischen Mensch und Tier festhält, unterschätzt die naturalistische Weltanschauung die Bedeutung des Bewusstseins. Gemeinsam ist beiden Positionen, dass sie nicht bereit sind, sich in einer Zone der Ununterscheidbarkeit aufzuhalten.

Es ist offenkundig, dass Menschen sich von anderen Tieren unterscheiden, und wir können uns mit den anderen Tieren nicht auf die gleiche Art verständigen, wie wir das innerhalb der menschlichen Art können. Es gibt nicht nur eine biologische, sondern auch eine kommunikative Grenze. Dennoch halte ich es für verkürzt und für eine ethische Sackgasse, sich im Verhältnis zu den Tieren zu sehr auf die objektive biologische Wissenschaft zu verlassen. Diese neigt dazu, das Verhalten von Tieren auf Nahrungs- und Partnersuche zu reduzieren. Dabei bezeugt dieser reduktive Blick keineswegs das simple Leben der Tiere, sondern sagt eher etwas über unseren Blick auf dieses Leben aus. Offensichtlich interessieren wir uns besonders für das Fressen und den Sex der Tiere, haben aber kaum ein Interesse daran, was die Tiere in der Zeit *dazwischen* machen. Häufig wird ohne triftige Gründe ausgeschlossen, dass Tiere die Welt auf eine Art und Weise wahrnehmen, die wir aus unserer menschlichen Perspektive nicht einsehen können. Dabei ist sowohl empirisch als auch philosophisch mehr als ein Mal gezeigt worden, dass kein Mensch je erfahren wird, wie es ist, eine Fledermaus,[22] ein Krake[23] oder ein Regenwurm[24] zu sein. Aus Vorurteilen, Überheblichkeit und schierer Faulheit subsumieren wir Menschen nicht selten alle tierischen Verhaltensweisen weiterhin unter einem einzigen Begriff: Instinkt.

Der Instinkt wird landläufig als Erklärung für tierisches Verhalten akzeptiert und als eine körperliche, tendenziell mechanische Form des Weltbezugs vorgestellt, die ohne Bewusstsein, Verstand und Sprache auskommt. Bei genauerem Hinsehen bleibt jedoch nahezu jedes tierische Verhalten, das sich nicht mit menschlichem Verhalten vergleichen lässt, rätselhaft. Woher weiß beispielsweise ein junges Pferd, welche Teile der Welt ihm als Nahrung dienen und welche Teile giftig sind? Eine Stute spricht nicht mit ihrem Fohlen, sie zeigt auch nicht auf bestimmte Gräser. Eine aufklärende Kommunikation oder eine Erziehung im menschlichen Sinne ist zwischen den Elterntieren und ihren Jungen nicht zu erkennen. Dennoch vergiften sich die Jungtiere nicht ständig an der Welt. Man spricht dann gerne von Instinkt und meint eine angeborene Kenntnis der Dinge.

Das ›Angeborene‹ bezeichnet, wie der Name sagt, die Elemente oder Fähigkeiten eines Lebewesens, die nicht erworben werden müssen, sondern eben bei der Geburt schon vorhanden oder angelegt sind. Lange bevor die DNA von Lebewesen decodiert werden konnte, gab es bereits die Frage, welcher Teil des Wissens Lebewesen durch Geburt und Abstammung zukommt und welcher Teil erlernt ist. Sie entstammt einer dualistischen Weltanschauung, die auch für die Unterscheidung von Körper und Geist verantwortlich ist. Wer diese Dualität und die strikte Trennung von ›angeboren‹ und ›erlernt‹ jedoch als unhintergehbar akzeptiert hat und für sicheres Wissen hält, gerät an zwei weitere Rätselfragen: Was ist angeboren, gleichsam schicksalhaft, unabänderlich und notwendig? Und welcher Teil der Existenz wird durch das Lernen erst geformt?

Während sich seit der Aufklärung das Bild durchgesetzt hat, dass Tieren ihre Kenntnis der Welt angeboren ist, wurde das Besondere der menschlichen Art an die Fähigkeit geknüpft, voneinander zu lernen und ihr Wissen von Generation zu Generation weiterzugeben. Es ist paradox: Einerseits sollen die Menschen sich gerade durch ihre Kultur, also eine Welt des Lernens, der Kommunikation und der Freiheit von den Tieren unterscheiden. Andererseits soll auch für die Evolution der Menschen gelten, dass Erfahrung und Wissen bei ihrer Entwicklung keine Rolle gespielt haben. Glücklicherweise entspannt sich das Denken derzeit etwas und die alte Dualität kann neu vermittelt werden.

Heute wissen wir, dass Kinder aus den genetischen Bauplänen der Eltern nachgebildet und bereits im Mutterbauch aus der Nahrung der Mütter synthetisiert werden. Im Mutterbauch wachsen die Körper der Säugetiere heran, und die Ordnung, dass in einem Menschen ein Mensch und in einem Schwein ein Schwein wächst – und nie anders –, gilt nicht nur für das äußere Erscheinungsbild, sondern auch für die innere Organisation der Organe und den Sinnesapparat. Wie man die Welt sieht und was man von der Welt wahrnehmen kann, hängt zuerst davon ab, ob man in der Luft oder unter der Erde lebt, Hände, Pfoten, Flossen oder Fühler hat. Bei Säugetieren macht die Muttermilch die Nachkommen nach der Geburt mit dem Geschmack der Welt vertraut. Sie lernen die gute Nahrung kennen, und man darf vermuten, dass diese Prägung ihnen dabei hilft, die anderen, unbekannten und schädlichen Dinge zu meiden. Dies ist auch bei Menschen zu beobachten. Wenn ein Neugeborenes zum ersten Mal an die Brust gelegt wird und zu trinken beginnt, schmeckt es das Salz auf der Haut der Mutter. Die Milch ist süß und fettig. Sie besteht größtenteils aus Wasser, Zucker und Eiweiß. Mit der ersten oralen Berührung, beim ersten Kuss, werden die geschmacklichen Weichen für den Rest des Lebens gestellt. Genau in dem Moment, da die Ernährung über die Nabelschnur endet, lernen Säuglinge mit Salz, Süße, Fett und Wasser die Geschmäcker und Texturen kennen, die nicht nur in den ersten Monaten, sondern für das ganze Leben unseren kulinarischen Kompass bestimmen.

Instinct is not enough

Sowohl die Biologie (Evolutions-, Verhaltens-, Neuro-) als auch die Philosophie liefern also ausreichend Argumente und Material, um die strikte Trennung von Vernunft und Instinkt als unsachlich und falsch zu erkennen. Es ist ein Gemeinplatz, dass Menschen ihr tierisches Erbe nicht einfach abgelegt haben, sondern im *Homo sapiens* trotz Sprache, Logik und Moral genauso instinktive Kräfte wirken wie in anderen Tieren auch. Ebenso spricht sich die Einsicht, dass kein Tier ohne Bewusstsein und kognitive Leistungen auskommt – für Charles Darwin stand dies übrigens nie infrage[25] –, wieder herum.[26] Wissenschaftliche Schriften wie populäre Sachbücher sensibilisieren eine breitere Öffentlichkeit mehr und mehr für die Ähnlichkeiten von Menschen und Tieren. Intelligenz und Emotionalität, Kommunikationsfähigkeit und Bewusstsein der Tiere wurden von Johann Gottfried Herder[27] über Charles Darwin bis zu Christine M. Korsgaard von den verschiedensten Gelehrten immer wieder geschildert, und jedem aufmerksamen und fühlenden Menschen ist offenkundig, dass Tiere keine Maschinen sind. Doch trotz dieser Einsichten prägt die Unterscheidung eines zur Vernunft begabten *Homo sapiens* von dummen, bloß instinktiv reagierenden oder gar bewusstlos vorgestellten Tieren bis heute das menschliche Weltbild. Industrie, Konsumentinnen und das bürgerliche Recht der Moderne behandeln die ihnen nützlichen Tiere nach wie vor als Objekte und biologische Maschinen, die ganz und gar den Gesetzen der Physik unterliegen. Ein Reiz, der eine Reaktion auslöst, eine Bewegung, die zur nächsten führt.

Wie die Steine eines Dominospiels soll ihr Leben als bloße Folge von Ursache und Wirkung angesehen werden, und ihre missliche Stellung innerhalb der menschlichen Welt wird als natürlicher Lauf der Dinge verklärt. Da die Tiere weder ihre Stimme erheben noch ihre Rechte einfordern, werden ihnen Subjektivität, Autonomie, Individualität und der moralische Status einer menschlichen Person abgesprochen. Von der Ferkelbucht bis zum Schlachter scheinen sie bloß einem unheilvollen Schicksal zu folgen und zu fressen, was ihren Hunger stillt und zu ihren Mäulern und Därmen passt. Sie lassen sich den menschlichen Interessen scheinbar bereitwillig unterordnen, und die Menschen räumen ihnen keine Würde ein. Tiere sind de facto kein Zweck an sich selbst, sondern Mittel zum Zweck: zum bloßen Nutzen der Menschen da.[28]

Dieser kurze Exkurs in die Gegenwart irritiert und beschämt. Und er nährt einen Verdacht: Wenn die objektiven Wissenschaften keinen definitiven und abschließenden Unterschied zwischen Menschen und Tieren erkennen können, könnte es doch sein, dass der Unterschied gar nicht in der Natur der Sache selbst begründet ist. Die Annahme, dass Tiere bloße Instinktwesen seien, die kein Bewusstsein haben und weder Angst noch Schmerzen empfinden können und deshalb wie Sachen behandelt werden dürfen, ist wissenschaftlich unhaltbar. Und sie verhindert ein besseres Verständnis für die vielfältigen Lebensformen auf der Erde. Deshalb muss geprüft werden, warum an dieser falschen Ordnung weiterhin festgehalten wird. Könnte es sein, dass die Rede von den tierischen Instinkten, die noch immer unter dem Deckmantel der Wissenschaft daherkommt, in Wahrheit eine ethische Setzung ist, die die menschliche Herrschaft über die anderen Tiere moralisch legitimieren soll?

Aber ich will nicht vorgreifen und keine Vermutung gelten lassen, bis sie nicht genau geprüft ist. Wenden wir uns also wieder der Untersuchung zu. Menschen waren mal Tiere, und sie haben weder die sinnliche Wahrnehmung erfunden noch das Spielen, die Kommunikation oder die Täuschung. Wir dürfen davon ausgehen, dass auch Tiere, zumindest unsere direkten Ahnen, schon über Bewusstsein verfügten. Dies löst zwar die große philosophische Frage »Was ist Bewusstsein?« nicht, aber es entlastet die kulinarischen Meditationen von der Suche nach dem Ursprung von Bewusstsein. Ich muss nicht beantworten, wieso es überhaupt Bewusstsein gibt, Gleichgewichtssinn sondern darf es, wie den Sinnesapparat, unsere Hände, den Gleichgewichtsinn, das Herz oder die Haut, voraussetzen. Tiere haben Bewusstsein. Aber ihr Bewusstsein verleiht ihnen weder die Möglichkeiten noch die Rechte eines Menschen. Bewusstsein allein hebt ein Lebewesen offensichtlich noch nicht in die Sphäre der menschlichen Kultur. Es ist nicht das Kriterium, welches Menschen von Tieren unterscheidet. Wir sind also noch bei den Vorstufen. Es ist noch unklar, was das menschliche Bewusstsein von allen anderen Bewusstseinsformen unterscheidet und wie es zu dieser Unterscheidung kam. Warum hat sich das menschliche Bewusstsein genau so entwickelt und erhalten, wie wir es heute kennen?

Viele geben sich an dieser Stelle mit der Annahme eines genetischen Zufalls zufrieden, und die Entschlüsselung der DNA hat das Nachdenken über die Evolution ohne Zweifel auf eine neue Stufe gehoben. Dennoch ist es vorschnell davon auszugehen, dass die Einsicht in die Wandelbarkeit der Gene schon eine Erklärung für das menschliche Bewusstseins sei. Sie ist bloß der Ausgangspunkt, an dem das Nachdenken über die besondere menschliche Lebensform ansetzen muss. Einfach anzunehmen, dass das menschliche Bewusstsein im Anschluss an eine zufällige genetische Veränderung plötzlich da war, wie dies etwa Yuval Noah Harari[29] oder der Anthropologe Michael Tomasello[30] machen, ist keine gute Erklärung für das menschliche Bewusstsein. Bewusstsein tritt nicht einfach aus der DNA hervor. Es ist eher wie bei Aladin. Man muss etwas dafür tun, damit der Geist zutage tritt. Die menschliche DNA und das große Gehirn machen die menschliche Form von Bewusstsein möglich, aber der menschliche Geist wächst nicht einfach aus dem Körper heraus wie Haare oder Fingernägel. Der menschliche Geist ist ein Vermögen, das nur sichtbar wird, wenn es gepflegt und kultiviert wird. Jemand muss an der Lampe reiben, den Hunger besiegen, Kriege beenden und Schulen bauen, damit er sich entfalten kann.

Und selbst wenn die Voraussetzungen für den Geist und das menschliche Bewusstsein gegeben sind, bleiben sie nicht einfach erhalten. Sie sind wesentlich Vermögen, Potenz und Möglichkeit. Das menschliche Bewusstsein ist nicht einfach einmal entstanden und hat sich seitdem erhalten. Wenn es sich im Laufe der Evolution nicht immer wieder als vorteilhaft erwiesen hätte, wäre es wieder verschwunden. Es hat auch nicht eine fertige Form, sondern es verändert sich ständig. Wer begreifen will, warum Menschen zu einer eigenen Art werden konnten, muss aufklären, warum sich Lebewesen, die ihr geistiges Vermögen zu nutzen verstanden, gegen körperlich stärkere Individuen durchsetzen konnten; warum Bewusstsein, Sprache und Geist für das menschliche Leben wichtiger wurden als scharfe Zähne und starke Körper.

Das Bewusstsein als solches haben Menschen von anderen Tieren geerbt. Es kommt in der Natur in vielfältigsten Ausformungen vor. Will man also – wie wir – die Herkunft des Menschen aus der Natur begreifen, stellt sich die Frage, warum das menschliche Bewusstsein seinen Sonderweg eingeschlagen hat. Warum hat sich das besondere menschliche Vermögen, die Welt nicht mehr so zu nehmen, wie sie ist, sondern sie nach eigenen Vorstellungen zu gestalten, so lange erhalten, dass heute nicht mehr nur einzelne Gegenstände nutzbar gemacht werden können, sondern die ganze soziale, politische und ökologische Wirklichkeit durch menschliche Ideen moduliert ist und immer auch alles anders sein könnte als es derzeit der Fall ist?

Die Frage ist alt, und ich bin natürlich nicht der Erste, dem aufgefallen ist, dass die Naturwissenschaften allein das Wesen des Menschen nicht begreifen können. Niemand anderes als Carl von Linné, der Gründervater der modernen Biologie, hat uns den Namen *Homo sapiens* gegeben.[31] Als Linné nach einer Artbezeichnung für den modernen Menschen suchte, ließ dieser sich nicht durch äußerliche Kriterien bestimmen. Weder ein körperliches Merkmal, wie der aufrechte Gang des *Homo erectus*, eine Tätigkeit, wie das handwerkliche Geschick des *Homo habilis,* noch die Herkunft, wie das Neandertal beim *Homo neanderthalensis,* waren geeignet, um unsere Art zu charakterisieren. Ausgerechnet bei unserer eigenen Art kam Linné mit seiner beschreibenden biologischen Wissenschaft nicht weiter. Doch Linné war kein Dogmatiker. Er wusste, dass die Biologie nur in die erste Liga der Wissenschaften aufsteigen konnte, wenn sie auch über die Menschen etwas Neues beizutragen hatte. Also holte er sich zur Bestimmung des Menschen kurzerhand Hilfe bei den Philosophen. Wir schreiben das Jahr 1758, das sogenannte Zeitalter der Aufklärung, und damals sprach die gesamte wissenschaftliche Welt bekanntlich von der Vernunft. Linné fackelte nicht lange und machte den lateinischen Begriff *sapiens,* der wie erwähnt, nicht nur ›weise‹ und ›vernünfig‹, sondern auch ›schmeckend‹ heißt, zum charakteristischen Merkmal unserer Art. Es war eine Sternstunde der Ideengeschichte, eine einmalige Symbiose aus biologischem und philosophischem Denken, die bis heute nachwirkt und nichts an Aktualität verloren hat. Leider ist die philosophische Urheberschaft des Begriffs *sapiens* im Laufe des 20. Jahrhunderts etwas in Vergessenheit geraten, und wenn selbst der *Schülerduden Philosophie* unter dem Stichwort ›Mensch‹ als Erstes schreibt, dass »die Biologie den Mensch als *Homo sapiens* bestimmt«,[32] könnte man den Eindruck gewinnen, dass das philosophische Denken wirklich nichts mehr zur Frage nach unserem menschlichen Dasein beizutragen hat. Gleichwohl gilt die Vernunft auch heute noch als das wesentliche Merkmal unserer Art, und wer sich auf das Wagnis einlässt, sie zu erforschen, gerät zwangsläufig in philosophisches Fahrwasser. Urteilen wir daher nicht vorschnell und schauen uns den Begriff aus philosophischer Perspektive genauer an. Was ist mit *sapiens* eigentlich gemeint? Versuchen wir, der besonderen Form des menschlichen Bewusstseins auf die Spur zu kommen und es genauer zu bestimmen.

Lucy und Eva

Nehmen wir Lucy und Eva und vergleichen ihre Bewusstseinsformen.

Lucy zählt zur Art *Australopithecus afarensis*.[33] Sie wurde 1974 in Äthiopien gefunden. Genauer gesagt, wurden Hunderte Knochenteilchen und Splitter ihres Skeletts von paläoanthropologischen Forschern ausgegraben. Die sieben US-amerikanischen und vier französischen Forscher unter der Leitung von Donald Johanson hörten den ganzen Tag den Song »Lucy in the Sky with Diamonds« von den Beatles und tauften das Skelett am Abend auf den Namen Lucy. Da es schon ein paar Jahre her ist, hier noch mal die ersten Strophen des Liedes:

Picture yourself in a boat on a river
With tangerine trees and marmalade skies
Somebody calls you you answer quite slowly
A girl with kaleidoscope eyes

Cellophane flowers of yellow and green
Towering over your head
Look for the girl with the sun in her eyes
And she's gone

Lucy in the sky with diamonds
Lucy in the sky with diamonds
Lucy in the sky with diamonds

Lucy lebte vor 3,2 Millionen Jahren und zählt wie der *Homo sapiens* zur Familie der Menschenaffen, nicht aber zur Gattung *Homo*. Wer genau zur Gattung *Homo* zählt, ist zwar in der Forschung umstritten, aber darüber, dass Lucy nicht dazugehört, herrscht Einigkeit. Aus der Form ihres Beckenknochens schließen Paläoanthropologen, dass sie zwar schon aufrecht gehen konnte, doch Lucy lebte wohl ohne Werkzeuge und ohne Feuer. Entsprechend bringt der Name *Australopithecus*, der übersetzt ›südlicher Affe‹ bedeutet, zum Ausdruck, dass hier noch ein deutlicher Unterschied zu unserem heutigen Wesen angenommen wird.

Eva kennt jeder. Die mit dem Apfel und der Erkenntnis. Der erste Mensch.

Nehmen wir an, Lucy und Eva sitzen sich gegenüber, zwischen ihnen eine reife Frucht. Für einen Augenblick treffen sich ihre Blicke, dann pflückt Lucy die Frucht blitzschnell vom Zweig. Sie beißt hinein, kaut und blickt Eva wieder an.

Eva hingegen staunt. Sie hält inne. Sie erinnert sich an die Äpfel aus dem letzten Jahr und wundert sich. Sind jene nicht röter gewesen? Eva weiß noch nicht, was ein Jahr ist, aber sie hat das Bild der Früchte noch vor ihrem inneren Auge und den Geschmack noch auf der Zunge. Eva vergleicht den Apfel vor sich mit ihrer Erinnerung an den Apfel aus dem letzten Jahr. Sie denkt noch nicht in Begriffen, doch etwas tritt zutage, das Lucy nicht kennt. Die Welt der sinnlichen Gewissheiten verblasst und langsam nimmt das menschliche Denken Gestalt an.

Jeder kennt die Geschichte vom Paradies und dem Baum der Erkenntnis. Der französische Philosoph Henri Bergson schreibt: »Die Erinnerung an die verbotene Frucht ist das älteste, was jeder einzelne von uns, ebenso wie die ganze Menschheit, im Gedächtnis hat.«[34] Selbst wenn die Rede von der »ganzen Menschheit« für heutige Ohren sehr eurozentristisch klingen mag, kann nicht geleugnet werden, dass dieser biblische Mythos zu den ältesten Erzählungen gehört, mit denen Menschen sich ihre Entstehung und ihre Stellung innerhalb der Natur erklären. Es ist daher interessant, zu betrachten, worum es hier geht.

Eva steht vor einem Baum mit Früchten und ist sich unsicher, ob sie von ihnen essen soll. Eine innere Stimme flüstert ihr ein, dass sie sich an den Früchten vergiften und sterben werde. Sie zögert, aber schließlich siegt ihre Neugier. Sie greift nach einer Frucht und kommt zu der Erkenntnis, dass man den Sinnen nicht immer glauben kann. Mit der Bereitschaft zu zögern und zu vergleichen, lockert sich das Band zwischen Mensch und Natur. Eva bricht aus dem unmittelbaren Resonanzraum der Tiere aus, und das menschliche Denken beginnt seine eigenartige Rolle einzunehmen. Schließlich verlassen Eva und ihr Mann den Ort ihrer Herkunft, ›die Natur‹, für immer.

Es ist ein vielschichtiger Mythos, der nicht zufällig die europäische Geistesgeschichte überdauert hat. Im Kontext der kulinarischen Meditationen interessieren besonders die Fragen, die ganz am Anfang der Geschichte auftauchen: Kann ich dich essen?[35] Darf ich dich essen? Natürlich ist Eva das Tabu, mit dem sie ringt, nicht von Gott auferlegt. Wenn es Gott gibt, zeigt er kein besonderes Interesse am Schicksal der Menschen. Und wie schon klar geworden sein dürfte, wird hier eine Lesart der Menschwerdung versucht, die auf theologische Erörterungen verzichtet. Ich deute Evas Zweifel als Auseinandersetzung zwischen einer instinktiven Kenntnis über die Essbarkeit der Welt und einer neuartigen Neugier. Evas Handeln ist ein Aufbegehren gegen eine sinnliche Gewissheit, die aus dem Tierreich stammt und im Menschen fraglich wird.[36] Etwas sagt ihr, dass sie die Früchte nicht essen soll, dass sie Übel, gar den Tod über sie bringen werden. Eine Vorform des Tabus wohnt ihr als sinnliche Kenntnis ihrer Umwelt bereits inne. Diese Form von sinnlicher Gewissheit über die Essbarkeit der Dinge stammt aus dem Tierreich. Eva trotzt diesem instinktiven Wissen und löst sich (und alle Menschen nach ihr) durch ihren Griff an den Baum der Erkenntnis[37] aus einer ursprünglichen, im biblischen Mythos harmonisch idealisierten Resonanz mit der Natur. Evas Neugier und ihr Wille zum Wissen haben also den Auszug aus dem Paradies, in dem Menschen und Tiere unterschiedslos lebten, eingeleitet, und sie setzt uns auf eine Spur des menschlichen Bewusstseins.

Die bekannteste theologische Lesart verbindet den Griff an den Baum der Erkenntnis bekanntlich mit einem Sündenfall. Die Frau Eva ließ sich verführen und verstieß gegen die Ordnung eines männlichen Gottes. Es gibt in dieser Lesart keinen Übergang und kein Entwicklungsgeschehen. Eva und Adam stürzen aus dem paradiesischen Reich der Natur über die Erkenntnis der essbaren Früchte direkt ins Reich der (Sexual-)Moral. Es wird die gleiche absolute Differenz zwischen Menschen und Tieren beschworen, der auch Kant anhing. Aus evolutionsbiologischer Sicht wie aus Sicht einer kulinarischen Anthropologie geht es hier jedoch zu schnell: Zwischen dem Fressen und der Moral mussten die Menschen durch die Küche. Die Annahme einer kulinarischen Transformation macht die Evolution der menschlichen Art und des menschlichen Bewusstseins plausibel und nachvollziehbar. Es ist kein Zufall, dass der Baum der Erkenntnis am Anfang steht. Jeder weiß, dass das Paradies nur so lange bewohnbar ist, wie man nicht vom Baum der Erkenntnis isst. Und die ersten Versuche, nach Erkenntnis zu streben, galten naturgemäß der Frage: Kann ich dich essen?

Ist das Tor der Erkenntnis erst mal aufgestoßen, lockern sich die Resonanzbeziehungen zwischen den Menschen und der Natur. Menschen lernen etwas Neues über sich selbst und ihre Umgebung. Sie beginnen, die Welt als einen Raum voller Möglichkeiten zu begreifen. Es ist nichts mehr so, wie es scheint. Es könnte immer auch anders sein.

Schlagen

»Bis zu welchem Zeitpunkt soll man das Erscheinen des Menschen auf der Erde zurückverlegen? Doch bis zu jenem, wo die ersten Waffen, die ersten Werkzeuge verfertigt wurden.«

Henri Bergson, *Schöpferische Entwicklung*[38]

Im Jahr 2018 ist im Nasher Sculpture Center in Dallas die Ausstellung »First Sculpture: Handaxe to Figure Stone« zu sehen. Ich lese davon in einem Kunstmagazin und bestelle den Katalog, der zur Ausstellung erscheint.[39] Es dauert eine gefühlte Ewigkeit, bis er eintrifft, und ich befürchte schon, dass er unterwegs verloren gegangen sein könnte. Als ich ihn nach zwei Monaten endlich aus der Verpackung ziehe und in den Händen halte, tauche ich schlagartig in eine andere Welt ein. Ich kann kaum glauben, was ich dort sehe und in den Texten der Kuratoren und Wissenschaftlerinnen lese. Einige Tage bin ich von den prächtigen Fotografien uralter Faustkeile und einer steinzeitlichen Kunst, die ich nie zuvor gesehen habe, wie geblendet. Zu gerne würde ich diese Steine mit eigenen Augen sehen, aber äußere Gründe halten mich davon ab, persönlich in die USA zu reisen. Doch die Bilder regen meine Fantasie an und ich stelle mir vor, wie ich mit den Kuratoren, dem Künstler Tony Berlant und dem Archäologen Thomas Wynn verabredet bin, um mit ihnen durch die Ausstellung zu streifen und mehr über die ältesten menschlichen Werkzeuge und die frühe Entwicklung des menschlichen Bewusstseins in Erfahrung zu bringen.

First Sculpture: Handaxe to Figure Stone

Das Nasher Sculpture Center liegt mitten im Herzen des Dallas Arts District in einem großen, flachen Bau mit gläsernen Wänden, und es beherbergt eine sehr renommierte Sammlung moderner und zeitgenössischer Skulpturen. Ich trete ein und sehe Tony Berlant, den Initiator der Ausstellung, im Foyer stehen. Neben ihm steht eine Frau mit einem bunten Schal und wachen Augen. Die beiden unterhalten sich angeregt und bemerken mich erst, als ich fast vor ihnen stehe. Ich stelle mich vor und werde freundlich begrüßt.

Guten Tag, Mister Joskowitz. Schön, dass Sie hier sind, um unsere Ausstellung zu besuchen, beginnt Tony Berlant. Sie haben Glück. Mein kuratorischer Partner, Thomas Wynn, lässt sich entschuldigen, aber Sie sind nicht der einzige Besucher aus Übersee. Gestern ist auch Dr. Naama Goren-Inbar von der Hebrew University of Jerusalem bei uns eingetroffen.

Ich brauche einen Moment, bis mir einfällt, woher ich den Namen kenne: Goren-Inbar hat die archäologischen Grabungen in Gesher Benot Ya'aqov geleitet, und in der Ausstellung, die wir gleich besuchen werden, sind auch einige Faustkeile zu sehen, die aus dieser Grabungsstätte stammen. Tony Berlant stellt mich als Philosophen und Koch vor und berichtet Goren-Inbar, wie ich ihm in einer E-Mail geschrieben habe, dass ich mich für die Herkunft der Menschen aus der Natur interessiere und herausfinden möchte, welche Rückschlüsse die uralten Werkzeuge aus Stein auf das Bewusstsein derjenigen zulassen, die sie hergestellt haben.

Nach einem kurzen Small Talk deutet Tony Berlant in Richtung der Ausstellung. Er nickt mit dem Kopf und beginnt zu erzählen:

Wie Sie wissen, sind die ältesten Artefakte aus Stein zwei bis drei Millionen Jahre alt. Damals begannen Lebewesen wie die berühmte Australopithecine Lucy und frühe Hominide wie der *Homo habilis*, wörtlich übersetzt: der geschickte Mensch, Steine zu bearbeiten.

In einem der ersten Schaukästen liegt ein glatter, runder Stein. Der Kurator hält inne, und ich betrachte ihn genauer. Auf den ersten Blick scheint es einfach ein Stein in handlicher Größe zu sein. Dann entdecke ich einen feinen Riss, der den Stein in zwei Hälften teilt. Was Sie hier sehen, ist ein aufgeplatzter Flusskiesel. Aus der geschmeidigen Form, die ihm das Wasser über einen sehr langen Zeitraum gegeben hat, sind nun zwei Hälften geworden. Je mit einer runden Seite und einer scharfen Kante. Wir haben sie der Ausstellung vorangestellt, weil wir annehmen, dass solch zufällig entstandenen scharfkantigen Steine sich irgendwann als nützlich erwiesen haben. Wir vermuten, dass die frühen Menschen anfänglich gezielt nach diesen Steinen Ausschau hielten und sie später als Vorbilder für die ersten absichtsvoll gefertigten Faustkeile dienten.

Tony Berlants Worte regen meine Fantasie an, und ich sehe einen unserer Urahnen auf einer urzeitlichen Bühne sitzen. Wie in der berühmten ersten Szene von Stanley Kubricks Film *2001: A Space Odyssey*, in der ein affenartiges Wesen einen Knochen greift und seine Funktion als Knüppel entdeckt. Statt des Knochens greift mein Menschentier nach einem Stein. Es will die Schale einer Nuss aufschlagen, aber der Stein schneidet ihm in den Finger. Es betrachtet das Blut und wendet sich einem anderen Stein zu. Erneut greift es nach dem Geröll, und dieses Mal bekommt es eine runde Seite zu fassen. Der Stein liegt jetzt gut in seiner Hand. Es knackt die Schale mit einem Hieb, isst die Nuss, und der Stein pendelt in sein Sichtfeld. Der Blick bleibt an ihm haften, und auch ich sehe den Stein wieder vor mir. Drei Millionen Jahre später liegt er hinter Museumsglas und gibt sich unbeteiligt.

Tony und Naama sind weitergegangen, ich gehe ihnen hinterher. Wir stehen nun in einem großen Raum voller Vitrinen und Schaukästen, in denen viele verschiedene Steine in kleine Halterungen eingefasst sind. Diese Steine sind anders. Sie sind nicht vom Wasser rundgeschliffen oder zufällig zerbrochen. Es ist offensichtlich, dass jemand ihnen eine Form gegeben hat. Sie sind gemacht. Es ist ihnen anzusehen, dass jemand die Absicht hatte, sie herzustellen. Sie zeugen von Lebewesen, deren Interessen und Absichten wir nachvollziehen können, weil sie den unseren ähneln. Trotz der langen Zeit, die zwischen uns liegt, verbindet uns etwas, das nicht allein biologisch ist. Diese Steine sind Artefakte, es sind die ältesten Zeugen handwerklicher Kulturen auf der Erde.

Faustkeile[40]

Auf einer Wandtafel lese ich:

> Die ersten Werkzeuge aus Stein waren Faustkeile. Die ältesten Faustkeile sind vor 2,6 Millionen Jahren im heutigen Ostafrika angefertigt worden und sie wurden in der Olduvai-Schlucht in Tansania gefunden. Deshalb werden sie *Oldowan Chopper* genannt.

Überall im Raum sind diese stummen Zeugen vergangener Kulturen ausgestellt. Es sind Hunderte, und als ich kurz daran denke, wie viele dieser Steine im Laufe der Zeit hergestellt und wieder verloren gegangen sein müssen, wird mir mulmig: Was können wir aus der damaligen Zeit und von diesen frühen menschlichen Lebensformen eigentlich wissen?

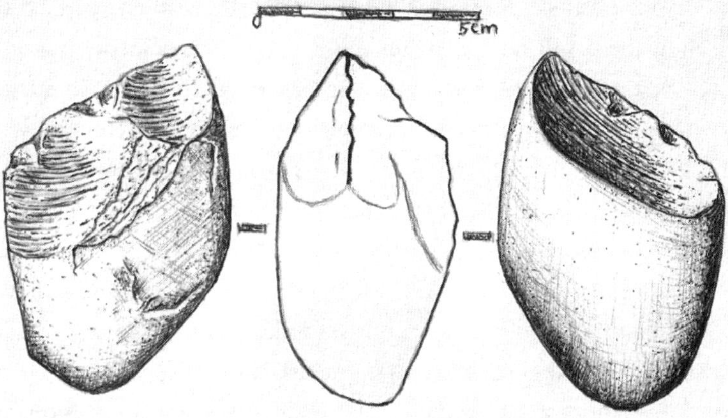

Einfacher Oldowan Chopper, 2,6 Millionen Jahre alt

Können wir nur das erkennen, was in irgendeinem Bezug zu unserem eigenen Leben steht? Wie stellen sich neue Perspektiven auf altbekannte Tatsachen ein?

Tony ruft mich, und als ich wieder bei ihm und Naama angelangt bin, reicht er mir zwei blütenweiße Handschuhe aus dünnem Stoff und lächelt. Dann fädelt er einen kleinen Schlüssel in das Schloss einer Vitrine und öffnet achtsam ihre Glastür. Als ich die Handschuhe übergezogen habe, nimmt er mit spitzen Fingern ein kleines, schwarz glänzendes Steinplättchen heraus und überreicht es mir.

Das ist ein Obsidian, Vulkangestein. Diese unscheinbaren Steinchen sind noch älter als die Faustkeile, sie tauchen schon vor über drei Millionen Jahren auf. Leider sind ihre Spuren nicht mit der gleichen Evidenz zu lesen wie die der größeren Faustkeile.[41] Wann genau die ersten Menschen entdeckt haben, dass sich diese kleinen Steine zum Schneiden eignen, ist eine der unlösbaren Fragen bei der Suche nach der Herkunft der Menschen aus der Natur. Diese kleinen Klingen aus Vulkangestein stehen sinnbildlich für den Anfang. Sie sind nicht exakt zu datieren und genauso flüchtig wie der Anfang selbst.

Dass unsere Ahnen diese scharfen Steine schon vor Millionen von Jahren zum Schälen und Aufschneiden von Früchten benutzt haben könnten, ist ein erster Baustein bei der Entwicklung kulinarischer Lebensformen. Schälen ist eine einfache und alltägliche Tätigkeit, die in Küchen fortwährend anfällt. Es ist fast so beiläufig und natürlich wie das Atmen. Aber eben nur fast. Während wir das Atmen mit den Tieren gemeinsam haben, ist das Schälen einer Frucht mithilfe eines Werkzeugs eine kulturelle Tätigkeit, die nur von Menschen ausgeübt wird. Tiere nutzen zwar auch Gegenstände, die ihnen spontan nützlich sind, aber sie lassen diese nach dem Gebrauch achtlos zurück. Menschen hingegen stellen dauerhafte Werkzeuge her und entwickeln sie weiter. Benjamin Franklin hat die Menschen bekanntlich »a tool-making animal«, also ein »Werkzeug herstellendes Tier« genannt. Das Herstellen verweist dabei auf eine Tätigkeit, die sich von der spontanen Nutzung eines Gegenstandes als Werkzeug, wenn beispielsweise ein Affe einen Stock zurechtbricht, um damit nach Termiten zu stochern, unterscheidet. Dieser Unterschied lässt sich bis zu den ältesten Werkzeugen zurückverfolgen.

Bevor ich weiter über das Schneiden nachdenken kann, bittet mich Tony, das Vulkangestein zurückzugeben, und wir wenden uns einem anderen Schaukasten zu. Auch diesen öffnet der Kurator der Ausstellung. Er greift nach einem flachen, gleichmäßig und beidseitig behauenen Faustkeil und überreicht ihn mir. Ich wiege den Stein staunend in meiner Hand und umschließe ihn mit meinen Fingern, wie ich es von anderen Werkzeugen gewohnt bin. Ich kann mir problemlos vorstellen, wie ich mit diesem Faustkeil eine prähistorische Frucht aufschneide oder eine Wildente ausnehme und zerlege.

Der Faustkeil ist rund 1,5 Millionen Jahre alt. Er wird einer steinzeitlichen Epoche namens Acheuléen zugeordnet, die nach einem Fundort dieser Art von Faustkeilen in Saint-Acheul im Norden Frankreichs benannt ist. Dort wurden Ende des 19. Jahrhunderts die ersten Steinwerkzeuge dieser Machart entdeckt. Sie haben schärfere Kanten als die Oldowan Chopper und sind nicht bloß durch wenige Schläge, sondern durch ein mehrstufiges Verfahren mit verschiedenen Abschlagetechniken und Nachbesserungen, sogenannten Retuschen,[42] hergestellt worden. Sie sind leichter als die klobigen Oldowan Chopper und besser zum Schneiden als zum Schlagen geeignet. Es hat aberwitzige eine Million Jahre gedauert, bis die Oldowan Chopper weiterentwickelt wurden und die feineren und aufwendiger gearbeiteten

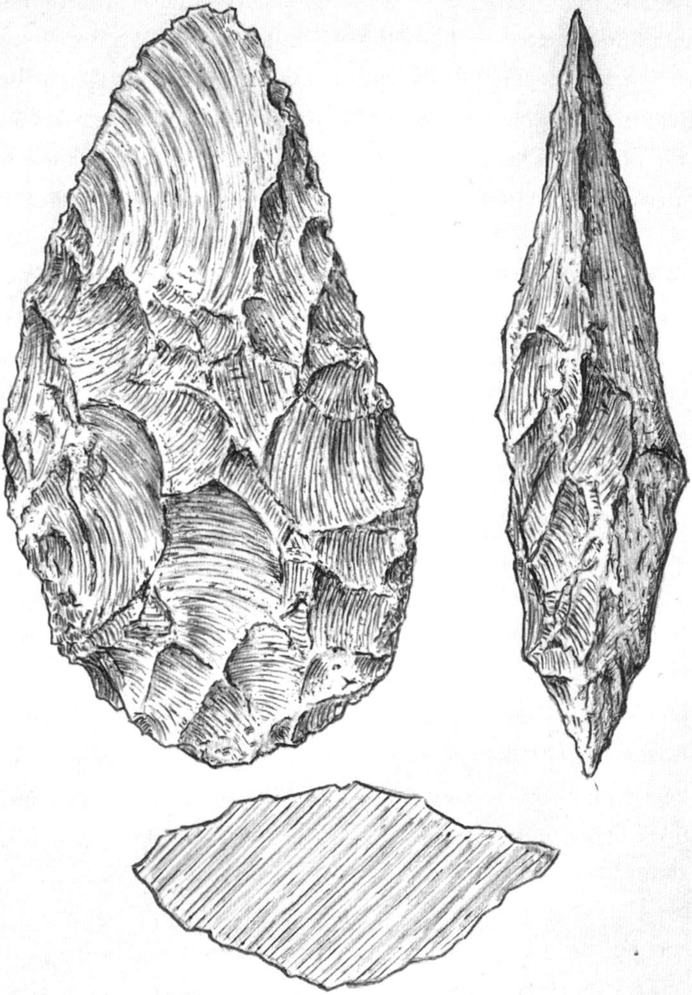

Zweiseitig behauener Faustkeil aus dem Acheuléen

Faustkeile aus dem Acheuléen hergestellt werden konnten. Es ist der erste messbare Fortschritt der menschlichen Technikgeschichte und hat so lange gebraucht, dass ich einerseits kaum von Fortschritt sprechen möchte, andererseits sind die Kontinuität und die Weiterentwicklung offensichtlich.

Noch vor 200 Jahren hatten die europäischen Gelehrten keine Ahnung, worum es sich bei diesen Steinen handelt. Bis ins 19. Jahrhundert hinein nahm man an, dass die Erde 6000 Jahre alt sei. Eine natürliche Evolution der Menschen konnte man sich allein deshalb nicht vorstellen, weil das vermutete Alter der Erde diese Vorstellung gar nicht zugelassen hat. Wer damals behauptete, dass frühe Menschen diese Steine als Werkzeuge benutzt hätten, wurde vielleicht als Geschichtenerzähler geschätzt, als wissenschaftlich gilt diese Erklärung aber erst seit Mitte des 19. Jahrhunderts. Noch Anfang des 19. Jahrhunderts vertrat der französische Naturforscher Georges Cuvier die Theorie, dass diese merkwürdig geformten Steine durch Naturkatastrophen, wahnsinnigen Druck, ungeheure Blitze oder ähnliche extreme physikalische Phänomene erzeugt worden seien.[43] Die gleichen Naturkatastrophen machte er auch für die Entstehung neuer Arten verantwortlich, weshalb Cuvier bis heute für seine »Katastrophentheorie« in Erinnerung geblieben ist. Spätestens nachdem Darwin seine Theorien zur Entstehung neuer Arten veröffentlicht hatte, kamen Cuviers Ideen aus der Mode, und heute können wir über sie nur noch schmunzeln.

Tony stellt den Faustkeil aus dem Acheuléen sorgfältig zurück in die Vitrine und kommt nun auf den zentralen Aspekt der Ausstellung zu sprechen. Alles, was wir bisher gesehen haben, könnte man auch in gut sortierten paläontologischen Sammlungen finden. Zugegebenermaßen gibt es nicht sehr viele Faustkeile, die so alt sind, aber einige tausend Exemplare weltweit werden es wohl sein. Die Idee unserer Ausstellung »First Sculpture: Handaxe to Figure Stone« ist es jedoch, Faustkeile nicht nur als uralte Waffen und Werkzeuge zu betrachten, sondern neben dem praktischen Nutzen auch ihre ästhetische Gestalt in den Fokus zu rücken. Wir haben dafür nach altsteinzeitlichen Objekten gesucht, die nicht bloß nützlich, sondern auch schön sind.

In einem weiteren Raum der Ausstellung sind eine Vielzahl verschiedener Faustkeile zu sehen, die sich von den bisher betrachteten Faustkeilen unterscheiden. Einige sind aus buntem Stein gehauen und schimmern geheimnisvoll. Einer hat eine Muschel in seiner Mitte. Er wurde um diese im Stein eingefasste Muschel herum angefertigt und wird auf 300 000 bis 500 000 Jahre vor unserer Zeitrechnung datiert. Wieder andere sind kugelrund oder lassen Gesichter erkennen. *First Sculpture. Erste Skulpturen.* Werke aus der Vorzeit, die das ästhetische Empfinden unmittelbar ansprechen. Mein Blick bleibt an einem besonders schönen und gleichmäßigen Stein haften und ich versinke für einen zeitlosen Moment in den Tiefen der menschlichen Vergangenheit. Wer waren die Lebewesen, die diese Steine hergestellt haben? Haben sie sich schon als besondere Tiere begriffen, die sich von allen anderen Tieren unterscheiden? Haben sie sich schon als anders wahrgenommen, gar als besser? Haben sie schon nach Glück gestrebt?

Bestimmt haben sie die Funken wahrgenommen, die beim Abschlagen der Steine entstanden sind. Und vom Steine-Abschlagen bis zu den ersten Rhythmen kann der Weg nicht mehr so weit gewesen sein. Aber konnten sie schon Feuer machen? Haben sie schon getanzt?

Dieses Mal holt mich die Stimme von Naama Goren-Inbar zurück. Sie und ihr Team haben in Gesher Benot Ya'aqov einige der Faustkeile entdeckt, die in dieser Ausstellung zu sehen sind, uralte Feuerstellen freigelegt, gespaltene Tierschädel und die Überreste von verbrannten Knochen und Pflanzen gefunden. Ihre Grabungen haben in der paläontologischen wie in der archäologischen Fachwelt viel Gehör gefunden, weil sie als Belege für die Nutzung von Feuer anerkannt werden. Etwas verrückt ist nur, dass bei den Grabungen in Gesher Benot Ya'aqov keine fossilen menschlichen Knochen gefunden wurden. Kein Knochensplitter, kein Zahn, keine DNA. Kein noch so kleiner materieller Überrest eines Menschen wurde ausgegraben. Jede Menge Spuren einer kulinarischen Kultur, aber kein einziger Hinweis darauf, wer in Gesher Benot Ya'aqov Werkzeuge herstellte, der Beute das Fleisch von den Knochen schnitt und es aufs Feuer warf. Naama Goren-Inbar hat ihr ganzes Leben über die frühen Menschen nachgedacht, und ich spitze meine Ohren, um ihren Ausführungen zu den ästhetischen Objekten der Ausstellung zu lauschen.

All diesen Artefakten ist gemeinsam, dass sie sich nicht in ihrer Funktion als Werkzeug erschöpfen. Die Lebewesen, die diese Gegenstände hergestellt haben, teilen mit uns anatomisch modernen Menschen nicht nur gemeinsame Interessen und das handwerkliche Geschick, sondern auch ihr ästhetischer Sinn war dem unseren ähnlich. Diese Objekte aus Stein wurden von Händen angefertigt, die mit unseren vergleichbar sind, und durch Augen betrachtet, die die Welt ähnlich sahen wie wir. Wir empfinden die gleichen Dinge als schön, und doch bleibt vieles unklar. Wir können weder wissen, wie diese frühen Steinhauerinnen kommuniziert haben, noch ob sie ihre Gemeinschaft schon durch Tabus und Rituale organisierten. Sicher ist nur, dass wir bei unseren Grabungen immer wieder Werkzeuge gefunden haben, die praktisch *und* schön sind. Bei diesen Fundstücken hat sich jemand mehr Mühe gemacht als zur Herstellung eines rein funktionalen Werkzeugs nötig gewesen wäre. Man darf die ersten Formen ästhetischer Praxis also schon viel weiter in der Vergangenheit verorten als üblich. Die landläufige Meinung haftet noch an der Idee, dass Höhlenmalereien, beispielsweise in Lascaux[44], die ältesten überlieferten Kunstwerke der menschlichen Art seien. Nun macht diese Ausstellung hier im Nasher Sculpture Center sichtbar, dass das ästhetische Vermögen der menschlichen Art weit über die Artgrenze des *Homo sapiens* hinausgeht und bis zu den Hominiden zurückverfolgt werden kann, die vor über einer Million Jahren gelebt haben. Je jünger die Artefakte sind, ungefähr ab einem Alter von 400 000 Jahren, desto häufiger finden sich auch Steine, die keine oder kaum Abnutzungsspuren aufweisen. Es scheint, dass sie nie oder nur sehr selten in Gebrauch waren. Andere sind allein durch ihre Größe und ihr hohes Gewicht nicht als Werkzeuge geeignet und stellen uns vor ein Rätsel. Sie wirken wie Fetische oder Skulpturen, die, den Objekten der modernen Kunst ähnlich, keinen praktischen Nutzen, sondern einen symbolischen Wert haben. Andernorts haben wir Faustkeile gefunden, die aus Steinarten gefertigt wurden, die an der Fundstelle gar nicht vorkamen. Da fragt man sich natürlich, wie sind diese Steine dort hingekommen? Haben die Steinhauer sie über weite Strecken mitgenommen? Und wenn ja, warum haben sie diese Mühe auf sich genommen? Kannten sie schon Körbe oder haben sie die Steine in den Händen getragen? Man gerät hier schnell in einen spekulativen Bereich. Sicher scheint mir, dass der technische Fortschritt nie nur praktisch-instrumentellen Interessen galt, sondern immer schon von einer ästhetischen Neugier und Lust befeuert wurde. Der Grat zwischen einfachen Werkzeugen, die bloß zum Zubereiten von Nahrung oder als Waffen für den Kampf hergestellt wurden, und Kultobjekten, denen wir eine symbolische Bedeutung zuschreiben, ist sehr schmal. Wir können weder abschließend beantworten, seit wann Menschen Werkzeuge herstellen, noch wissen wir, seit wann Menschen Kultobjekte anfertigen, die beispielsweise als Grabbeigaben dienten oder bei rituellen Opferungen Verwendung fanden. Die Steine lehren uns etwas über die tiefe Vergangenheit, und es sind zugleich Gegenstände, in denen wir etwas von uns selbst wiedererkennen.[45]

Dr. Naama Goren-Inbar beendet ihre Ausführungen an dem Punkt, der mich auf diese kulinarische Suche geschickt hat: Seit wann töten Menschen nicht mehr wie die Tiere, sondern im Bewusstsein ihrer eigenen Tätigkeit? Seit wann haben wir einen Begriff des Todes und ummanteln das Töten mit Ritualen? Hier wird eine Schwelle sichtbar und Naamas Worte rufen mir Walter Benjamins berühmten Aufsatz über das Kunstwerk in Erinnerung. Er schreibt dort in seinem ureigenen Ton: »Die ältesten Kunstwerke sind, wie wir wissen, im Dienste eines Rituals entstanden, zuerst eines magischen, dann eines religiösen.«[46] Wenn Benjamin recht hat und die Skulpturen in der Ausstellung die ältesten Kunstwerke sind, müssen sich magische und religiöse Rituale denken lassen, bei denen die Steine eine entscheidende Rolle einnehmen.

Ehe ich mich sortiert habe und ich die beiden anderen dazu befragen kann, sind wir wieder im Foyer angelangt. Die Führung ist vorbei. Tony Berlant und Naama Goren-Inbar sind ein wenig in Eile, weil sie noch zu einem anderen Termin müssen. Wir verabschieden uns freundlich und ich schaue ihnen nach. Dann bleibe ich allein zurück und setze mich im schönen Park des Museums neben einer großen Plastik von Nathan Mabry auf eine Bank. Ein Tierkopf auf einem riesigen menschlichen Körper glotzt mich aus bösartigen Augen an.

I think

Irgendwann beginnen Lebewesen, Steine zu bearbeiten. Auch nach Millionen von Jahren können wir noch erkennen, dass jemand ihnen eine Form gegeben hat. Wir sehen ihnen an, dass diese Steine nicht zufällig entstanden sind, weil wir den Zweck, der mit der Herstellung der Gegenstände verfolgt wurde, nachvollziehen können. Gegenstände, deren Zwecke uns einleuchten und bei denen wir uns einig sind, dass sie das Ergebnis menschlicher Arbeit sind, nennen wir Artefakte. Wir erkennen, dass sie von Lebewesen hergestellt wurden, die ihre Nahrung nicht mehr einfach in der Umgebung gefunden haben, sondern bereits Zeit darauf verwendeten, Werkzeuge herzustellen, um mit ihrer Hilfe bestimmte Nahrungsquellen zu erschließen. Mit der Zeit gewöhnt man sich daran und ist bei der Beschaffung seiner Nahrung auf die Werkzeuge angewiesen. Wann es genau mit den Werkzeugen losging, können wir nicht wissen, weil die Datierungen der Faustkeile erstens bloß Annäherungen an die vergangenen Zeiträume sind und es zweitens naheliegt, dass die Menschen ihre technischen Fähigkeiten an leichter zu bearbeitenden, organischen Materialien einübten, bevor sie begannen, Werkzeuge aus Stein herzustellen. Manche Archäologinnen sprechen von einer Holzzeit, die sie noch vor der Steinzeit vermuten. Doch aus dieser Zeit sind keine Artefakte erhalten. Die ältesten bekannten Objekte aus organischem Material sind die Schöninger

Speere,[47] die in einer Kruste aus Seeschlamm rund 300 000 Jahre konserviert wurden. Ältere Artefakte aus Holz oder Knochen sind bisher nicht gefunden worden. Faustkeile aus Stein hingegen unterliegen nicht dem natürlichen Werden und Vergehen der organischen Materie. Sie sind von Dauer, und sie unterscheiden sich auch nach Jahrmillionen noch von natürlichem Geröll. Sie gewähren uns Einblicke in eine Welt, die seit Millionen Jahren nicht mehr existiert und die der unseren trotzdem schon ähnelte.

Der Zweck der Faustkeile als Waffe oder Werkzeug zur Nahrungsbeschaffung leuchtet unmittelbar ein. Es ist offensichtlich, dass jemand die Steine bearbeitet hat, um ihnen eine bestimmte Form zu geben, die einer Funktion dient. Die stumpfe und die scharfe Seite dieser ersten Werkzeuge erkennen wir heute problemlos als Griff und Klinge. Ein Gegenstand, der gut in der Hand liegt und der Welt eine scharfe Klinge entgegenstreckt, ist ein spektakuläres Werkzeug, das bis heute in jeder Küche zu finden ist. Die scharfe Seite dient als Klinge oder Axt, um Tiere zu zerlegen, Fleisch von Knochen zu schneiden, Wurzeln auszugraben, Früchte zu schälen, harte Nahrung weichzuklopfen oder Knochen und Schädel toter Tiere aufzubrechen. Ebenso eignen sich Faustkeile zum Knacken von Muscheln und Krustentieren, und nicht zuletzt kann man sich leicht vorstellen, dass es Waffen waren, die sich bei Auseinandersetzungen mit Gruppenmitgliedern ebenso wie im Kampf mit anderen hominiden Populationen als vorteilhaft erwiesen haben.

Obwohl diese ersten Artefakte uralt und sehr einfach sind, können wir an ihnen eine Menge ablesen. So ist es offensichtlich, dass die frühen Werkzeugbauer ihre handwerklichen Kenntnisse an die nächste Generation weitergeben konnten. Die uralte Tradition der Fertigung von Klingen und der technische Fortschritt, der sich an der Entwicklung der Faustkeile ablesen lässt, kann nur durch die Weitergabe von Wissen über die Generationen hinweg erklärt werden. Das Herstellen von dauerhaften Werkzeugen, die mitgenommen, gepflegt und über die Generationen verbessert werden, ist bereits eine menschliche Qualität. Gleichwohl bleibt der Übergang von menschenähnlichen, hominiden Lebensformen zu echten Menschen auch an dieser Stelle flüchtig. Obwohl der Stock zum Angeln der Termiten nach der Verwendung zurückgelassen wird, sind Affen fähig, die Dinge so zu manipulieren, dass sie ihnen dienlich sind. Auch andere Tiere erblicken und erkennen Dinge in ihrer Umgebung, die ihnen bei der Nahrungsbeschaffung spontan nützlich sein können.[48] Darüber hinaus sind zumindest Menschenaffen ebenfalls in der Lage, diese Fähigkeiten an ihre Nachkommen weiterzugeben. Durch Vormachen, Zeigen und Nachahmen geben sie erlerntes Wissen an die nächste Generation weiter. Es ist wichtig, dies anzuerkennen, weil diese Beobachtung sowohl die Annahme untermauert, dass es schon Bewusstsein gab, bevor der *Homo sapiens* auftauchte, als uns auch erneut die Fragwürdigkeit der Unterscheidung zwischen ›angeboren‹ und ›erlernt‹ vor Augen führt.

Während das ›Angeborene‹ heute von der Molekularbiologie behandelt wird und zum Untersuchungsgegenstand der Naturwissenschaften gehört, ist das ›Lernen‹ der zentrale Gegenstand der philosophischen Anthropologie. Unsere kulinarischen Meditationen berühren damit zum ersten Mal die Urform sozialer, handwerklicher und menschlicher Kultur: das Lernen. Beim Werkzeugbau handelt es sich um eine handwerkliche Technik, die nur als soziale Tradition einsichtig wird und die sich in fortwährender Nachahmung und Verbesserung von Generation zu Generation erhalten haben muss. Oder, mit Ausblick auf das, was diese kulinarischen Meditationen noch ans Licht bringen werden: Das Wissen, wie man einen Faustkeil herstellt, kann nicht angeboren sein. Es mag eine genetische Verwandtschaft zwischen allen Lebewesen geben, die über die körperlichen Möglichkeiten verfügen, um ein Werkzeug herzustellen, aber man kann sich ebenso wenig selbst beibringen, einen Faustkeil zu schlagen, wie man alleine lernen kann, Feuer zu machen oder eine Geschichte zu erzählen – jemand muss es einem beibringen.

Aus der Perspektive des modernen Individualismus scheint es vorstellbar, dass ein einzelner Mensch einen Faustkeil geschlagen hat und damit den Anfang der menschlichen Kultur markiert. Denkt man jedoch genauer darüber nach, wird klar, dass der Vorstellung eines genialen Anfangs der menschlichen Art eine Überbetonung des *Ego* zugrunde liegt. Der Fokus auf ein Subjekt und die Suche nach einer ursprünglichen Differenz zwischen Tier und Mensch führen das Verständnis des evolutionären Werdens früh in die Irre. Die Untersuchung steckt noch in der frühen Altsteinzeit. Niemand nimmt an, dass es zu dieser Zeit schon symbolische Sprachen gab, also kann man auch noch keine selbstbewussten Sprecher oder Sprecherinnen voraussetzen. Diese erblicken zeitgleich mit dem Entstehen von symbolischen Sprachen das Licht der Welt (→ *Sprechen*). Bis sich Individualität, Subjektivität und Selbstbewusstsein entwickeln, dauert es noch sehr, sehr lange. Erst am Feuer, im Schutz einer kulinarischen Lebensform, sind die Bedingungen gegeben, damit die Menschen sich als Individuen begreifen und entwickeln können (→ *Wir und die Anderen*).

Sicher ist immerhin, dass die frühen hominiden Lebensformen lernten, Steine für ihre Zwecke auszuwählen. Sie lernten, welche Steine als Hammer und welche als Material für Faustkeile geeignet waren, wie man die Steine hält, aus welchem Winkel und mit welcher Kraft man sie abschlagen muss. Bereits diese Kenntnis des Materials und diese technischen Fertigkeiten zeugen von Lebewesen, die sich mit ihrer Umwelt methodisch und bewusst auseinandersetzen konnten. Die Analyse der frühesten handwerklichen Artefakte führt vor Augen, dass immer schon etwas da gewesen sein muss, was weitergegeben werden konnte, und dass wir uns nahtlos ins Reich der Tiere zurückdenken können. Es ist weder empirisch, also zeitlich und räumlich, präzise zu datieren, noch ist logisch klar und deutlich zu erkennen, wann und wie es zum Aufkommen kultureller Techniken kam. Der Übergang bleibt unklar. Weder die Molekularbiologie noch die Kulturanthropologie können einen Anfang markieren. Ein erster Unterschied zwischen Affen und Menschen, zwischen Natur und Kultur ist nicht auszumachen. Wir konnten nur zu kulturellen Wesen werden, weil uns eine ewig lange natürliche Evolution schon auf diese Spur gesetzt hat, und Kultur hätte nie entstehen können, wenn sie nicht in der Natur ihr Material gefunden hätte. Irgendwas war immer schon da. Die Antwort auf die Frage, wie etwas Neues in der Natur entsteht, wie eine neue Art, wie die menschliche Art entsteht, lässt an Ludwig Wittgenstein denken: Es oder vielmehr sie zeigt sich.

Von der metaphysischen Frage nach dem Ursprung in unserem Erkenntnisstreben nicht mehr behindert, können wir uns der Frage nach der Entstehung von handwerklicher Tradition und Wissen phänomenologisch nähern, und der Zusammenhang zwischen einem herabfallenden Felsen und dem Abschlagen eines Steins tritt vor Augen. Das Herabfallen von Felsen ist ein physikalisches Ereignis, das ohne irgendeine Absicht geschieht. Aber es hat zur Folge, dass der Felsen zerbricht und scharfe Kanten entstehen. Dieser scharfe Stein ist von Interesse, die Menschen beginnen zu beobachten und ein Verständnis von Ursache und Wirkung herauszubilden: Zwischen den herabfallenden Felsen und den scharfkantigen Stein schiebt sich der Aufprall. Das

Fallen wird zur Ursache, und auf das Fallen folgt der Aufprall. Dann wird der Aufprall selbst zur Ursache, und das Zerplatzen des Felsens zur Wirkung. Die Zeitlosigkeit des ewigen Werdens entschlüsselt sich dem menschlichen Bewusstsein als räumliche und zeitliche Abfolge von Ereignissen, die in einen Zusammenhang gebracht werden. Diese ersten Versuche, sich einen Reim auf die Ereignisse der Natur zu machen, haben mit dem Innenleben eines modernen Menschen wenig gemeinsam, aber die Tatsache, dass Menschen schon vor Millionen von Jahren in der Lage waren, Werkzeuge herzustellen, macht es plausibel, in dieser frühen evolutionären Phase erste Einsichten in kausale Zusammenhänge sowie temporäre Ausformungen von Subjektivität anzunehmen.

Es sind dafür noch keine abstrakten Zeichen oder Worte nötig. Um zu lehren, wie man einen Faustkeil herstellt, reichen Zeigen und Beobachten, Übung und Erfahrung – *Empirie*, wie Sokrates sagen würde.[49] Vormachen und Nachmachen. Pantomime und Mimesis zeigen sich als frühe Bausteine, auf denen unsere Kultur beruht, und vor zwei bis drei Millionen Jahren wird ihre Rolle für die menschliche Lebensart immer wichtiger. Nennen wir die ersten hominiden Steinhauer ruhig mimetische Affen. Vielleicht ließen sie die Steine anfänglich bloß irgendwo herunterfallen und hofften, dass beim Aufprall per Zufall scharfe Kanten entstehen würden. Aber irgendwann begannen sie den Fall der Felsen als schlagende Bewegung nachzuahmen. Dennoch kann man nicht davon ausgehen, dass sie anfänglich schon Einsicht in den Zweck der eigenen Handlung hatten. Zumindest keine, die unserer Form von Selbsterkenntnis und Selbstbewusstsein irgendwie ähnelt. Gleichwohl kann man den alten Werkzeugen ablesen, dass sich Absichten und Zwecke irgendwann ins Leben eingeschlichen haben. Seit der Nutzen der Steine sichtbar wurde und sie als Werkzeuge Einzug in den Alltag gefunden haben, sind sie geblieben. Wir sind immer noch auf Werkzeuge angewiesen. Einmal daran gewöhnt, sich seine Nahrung mithilfe von Werkzeugen zu beschaffen, ist man bald ganz von ihnen abhängig und würde verhungern, wenn plötzlich keiner mehr wüsste, wie man sie herstellt.

Da wir immer noch auf Werkzeuge angewiesen sind, erkennen wir die Faustkeile als Produkte menschlicher Arbeit und als Ergebnis menschlichen Handelns in dem Sinne, wie es der Soziologe Max Weber definiert hat: Menschliches Handeln unterscheidet sich bei ihm vom bloßen Verhalten der Tiere dadurch, dass die Handelnden mit ihren Handlungen einen Sinn verknüpfen, eine Absicht haben oder einen Zweck verfolgen. Die Frage, an welcher Stelle der Menschwerdung diese Absichten oder der »subjektive Sinn«[50] – wie Weber es nennt – Einzug gehalten haben, lässt sich nicht sagen. Absichten fossilisieren nicht. Sie sind den Dingen eingeschrieben oder nicht. Bezeichnet man ein Ding als Artefakt, heißt dies: Ein Mensch hat es gemacht. Jemand hat eine Absicht damit verfolgt, die sich uns immer noch erschließt. Wir teilen also mit den frühen Werkzeuge herstellenden Kulturen gemeinsame Absichten und Zwecke. Wir stehen mit ihnen über Jahrmillionen hinweg in einer sozialen Beziehung und erkennen an den Spuren, die sie hinterlassen haben, dass sie schon ihr Wissen miteinander teilten und Formen der Kooperation kannten.

Besonders der ehemalige Direktor des Max-Planck-Instituts für evolutionäre Anthropologie, Michael Tomasello, hat auf diese kooperative Bauart der Menschen in den letzten Jahrzehnten immer wieder hingewiesen.[51] Im Kern geht es um die Einsicht, dass Menschen soziale und gesellige Wesen sind, und die Idee, das eine Theorie der Evolution, die beim Individuum ansetzt, verkürzt, wenn nicht gar falsch ist. Kultur lebt von Kommunikation und der Weitergabe von Wissen zwischen den Generationen, und die Faustkeile sind nicht nur die ersten Artefakte, die diese soziale und kooperative Struktur empirisch belegen. Sie sind auch die Vorbilder für das wichtigste Küchenwerkzeug der Menschheit: das Messer.

Einerseits ist kein eindeutiger Anfang der menschlichen Art zu erkennen, andererseits können wir die uralten Werkzeuge von natürlich geformten Steinen mit einem einzigen Blick unterscheiden. Sie passen immer noch zu unserer Wirklichkeit. Wir begreifen ihre Funktion, die Absichten und die Interessen, die ihnen zugrunde liegen. Wir erkennen in den Faustkeilen Werkzeuge, weil die Messer, die wir täglich verwenden, diesen uralten Werkzeugen immer noch ähneln.

Vor zwei bis drei Millionen Jahren hat sich mit den neuen handwerklichen Fertigkeiten und den neuen Nahrungsquellen auch ein neues Bewusstsein entwickelt. Die Dinge sind nun nicht mehr einfach so, wie sie halt sind. Sie könnten nun auch anders sein. Man schaut einen Stein an, und ein Schatten, eine Erinnerung oder ein inneres Bild legt sich über den Stein. Es wird etwas sichtbar, was für das Auge allein nicht zu sehen ist. Man sieht nun über das Gegebene hinaus, man sieht, was möglich wäre. Das gleiche Prinzip wie bei Eva, nur als soziale Interaktion. Menschen lernen Potenziale zu erkennen. Handwerkliches Geschick kommt hinzu, und diese Verbindung aus Hand, Auge, Neugier, Einbildungskraft und sozialer Interaktion bringt das menschliche Bewusstsein voran. Natürlich dienen diese Entwicklungen dem Überleben und sie richten sich auf die Erschließung neuer Nahrungsquellen. Faustkeile wurden von Tieren angefertigt, die Hunger hatten und denen zufällig verfügbare und spontan aufgegriffene Stöcke und Steine nicht mehr reichten. Die neuen Faustkeile dienten ihnen, um das Fleisch besser von den Knochen der anderen Tiere zu schneiden oder nach Wurzeln zu graben.

Der Anthropologe Agustín Fuentes vermutet, dass die frühen Hominiden noch keine guten Jäger waren und die Ernährungsumstellung von pflanzlicher Kost auf Fleisch mit dem Verzehr von Knochenmark und Gehirn begann.[52] Seiner Idee nach haben Hominide sich als erfolgreiche Aasfresser erwiesen, die die Beutereste der großen Raubtiere mit Steinwerkzeugen aufschlugen, um Knochenmark und Hirn freizulegen. Unabhängig von der Methode der Nahrungsbeschaffung und den Speisen, die in der Steinzeit auf dem Speiseplan standen, zeugen die Werkzeuge von Lebewesen, die mehr vom Leben wollten, als sie vorfanden. Diese frühen Menschen gaben sich nicht mehr mit dem zufrieden, was sie in ihrer Umwelt fanden, sie passten sich nicht mehr einfach den äußeren Begebenheiten an, sondern begannen, die Wirklichkeit aktiv zu gestalten, und sie waren schon in der Lage – um mit Kant zu sprechen –, etwas von selbst anzufangen.

Ich klappe den Katalog zu und sitze wieder an meinem Schreibtisch. Seit Tagen habe ich kaum etwas gegessen und einen riesigen Hunger.

Obwohl sich Handwerk, Arbeit, Sozialität, Tradition und Lernen bereits ebenso bemerkbar gemacht haben wie ein ästhetischer Sinn, steckt das Nachdenken über die Entwicklung des menschlichen Bewusstseins immer noch in der Altsteinzeit fest. Der Weg in die kulinarische Lebensform ist noch lang. Es liegt zwar nahe, dass beim Abschlagen der Steine Rhythmen entstehen und manche Steine wiederum Funken schlagen. Doch von den frühen Werkzeugen aus Stein bis zu magischen Ritualen und religiösen Kulten scheint es noch zwei Millionen Jahre gedauert zu haben.

Augenfällig ist, dass nichts Großes die menschliche Kultur auf den Weg gebracht hat. Die ältesten Artefakte zeugen nicht von Gewalt, sondern von einer Reduktion von Kraft. Wer auch immer die ältesten bekannten Werkzeuge aus Stein hergestellt hat, konnte schon aufmerksam beobachten und war fähig, seine oder ihre Kraft dosiert und gezielt einzusetzen. Nur in dem Maße, wie sich Achtsamkeit, technisches Vermögen und ein ästhetischer Sinn der Kraft des Tieres beigesellen, wird die Entwicklung neuer Abschlagetechniken möglich. Mit anderen Worten: Wo menschliche Kultur beginnt, begegnet uns kein unbändiges Ego, sondern soziale Interaktion, Mäßigung und ästhetische Sublimierung von Kraft. Eine Entwicklung, die sich so langsam vollzogen haben muss, dass völlig unklar bleibt, ob die frühen Hominiden sie selbst bemerkt haben beziehungsweise seit wann Menschen eine Grenze zwischen sich und den anderen Tieren ziehen.

Dennoch markieren die ältesten Artefakte aus Stein einen Einschnitt. Es gibt Steine und es gibt Artefakte aus Stein. Der Unterschied ist zu Beginn sehr klein, aber er ist eindeutig: ein Stein, der bloß den Kräften der Natur ausgesetzt war, und ein Stein, dem ein Mensch eine Form gegeben hat. Natur und Kultur. Das gleiche Material, aber verschiedene Wirkkräfte. Irgendwas an der Differenz zwischen Natur und Kultur scheint so alt, dass man den Eindruck gewinnen kann, das Eine existiert nicht ohne das Andere. Und gleichwohl ist dies nur der Auftakt und das langsame Vorspiel der Lebensform, in der wir heute leben. Die alten Oldowan Chopper und die eleganten Schneidewerkzeuge aus dem Acheuléen stammen von Lebewesen, die schon erkennen, antizipieren, sich hinsetzen und an etwas arbeiten können. Sie können Dinge sehen, die nicht da sind, Möglichkeiten ausloten und Potenziale sichtbar machen. Sie haben ihr Wissen an die nächste Generationen vermittelt und kooperativ gehandelt. Sie mögen in den Augen mancher Biologen einer anderen hominiden Art angehören, aber ich nenne sie ohne falsche Scham und Bescheidenheit meine Ahnen. Und gleichwohl haben die ersten handwerklichen Kulturen nur den Boden bereitet für das, was dann kommen sollte. Mit den Klingen aus Stein war die Grundlage für die erste echte kulturelle Revolution gelegt: das Schneiden. Erst das Vermögen, die Dinge mittels einer Klinge fein säuberlich zu zerschneiden und zu zerlegen, hat etwas radikal Neues in die Welt gebracht.

Schneiden

Klingen sind das zentrale Werkzeug in der Küche. Sie machen es möglich, Tiere präzise zu zerlegen, und sie bringen eine gänzlich neue Art zu töten in die Welt. Ich will mehr über sie und die Praxis des Schneidens erfahren und gehe bei meinem Freund Nori Mittag essen. In einem Winkel einer Markthalle in Frankfurt am Main betreibt er ein kleines japanisches Restaurant. Es gibt dort nur sieben Plätze und immer das Gleiche zu essen: Sashimi – rohen Fisch. Nori ist ganz auf seine Arbeit konzentriert, für einen Plausch ist keine Zeit, aber er nimmt mich wahr und gibt mit einem schmalen Kopfnicken den letzten freien Platz am Tresen für mich frei. Das Messer ist Noris wichtigstes Werkzeug. Er erklärte mir einmal, dass er das Messer als eine Verlängerung seines Armes empfindet und dass die Klinge und seine Hand beim Schneiden zu einer Einheit verschmelzen. Mit der scharfen Klinge gleitet er unter der Haut des Fisches entlang und legt das Fleisch frei. Er weiß genau, was er tut, und es bereitet Vergnügen, ihm dabei zuzusehen, wie er mit dem Messer mühelos durch das Fleisch des Fisches fährt und etwas sichtbar macht, was ohne sein handwerkliches Vermögen nicht zum Vorschein kommen könnte. Von seinen gleitenden und eleganten Bewegungen, die fast rituell anmuten, geht eine große Ruhe aus. Während ich zuschaue, wie er den Fisch in kleine Scheiben schneidet, stelle ich mir vor, dass die Gleichförmigkeit und Präzision seiner kulinarischen Praxis in einer Tradition stehen, die zwei Millionen Jahre über die üblichen Datierungen von menschlicher Kultur hinausweist.

Lässt man sich auf den Gedanken ein, dass das menschliche Denken nicht einfach von außen zum Menschen hinzugekommen ist, sondern vielmehr eine sukzessive Verfeinerung des Handelns darstellt, so wie der französische Philosoph Henri Bergson es bereits vor hundert Jahren in seinem Buch über die Evolution, *Schöpferische Entwicklung*[53], vorgedacht hat, wird die uralte kulinarische Technik des Schneidens zum handwerklichen Paten für die geistigen Fähigkeiten des Unterscheidens. Das Schneiden steht dann am Anfang des analytischen Vermögens des menschlichen Bewusstseins.

Es ist erstaunlich, dass dieser Gedanke nicht weiter verbreitet ist. Henri Bergson war zu seiner Zeit ein Superstar. Er wurde für *Schöpferische Entwicklung* 1927 mit dem Literaturnobelpreis geehrt, galt damals als einer der spannendsten Gelehrten Europas und wurde für seine Ideen weit über die Grenzen Frankreichs hinaus gefeiert. Bergson begriff das Leben als Einheit von Natur und Kultur sowie von Körper und Geist und gilt heute als Begründer der Lebensphilosophie. Für mich war Bergsons Ansatz inspirierend, weil er die Menschen als biologische, handelnde und denkende Wesen zugleich in den Blick nimmt. Bergson betrachtet Körper, Handlung und Denken als untrennbar verbunden und sieht im menschlichen Denken eine evolutionäre Weiterentwicklung natürlicher Verhaltensweisen und Handlungen.[54] Bergson dachte darüber nach, wie sich Lebewesen durch Variationen und Anpassungen so lange veränderten, bis nicht mehr die körperliche Überlegenheit entscheidend war, sondern die Sprache, das Wissen, Argumente und Erzählungen von zentraler Bedeutung für die menschliche Art wurden. Er geht davon aus, dass die Entwicklungsgeschichte der Menschen und ihrer Kultur nur einsichtig wird, wenn man das Denken als »Ausläufer«[55] des menschlichen Handelns begreift. Bildlich gesprochen: »Man muss schon Handwerker gewesen sein, um Mathematiker werden zu können.«[56] Oder auf unsere Untersuchung gemünzt: Man muss schon Dinge zerschneiden können, um Analytiker zu werden. Begreift man mit Henri Bergson das menschliche Bewusstsein als evolutionäre Weiterentwicklung des Handelns, wird mit dem Schneiden eine Tätigkeit sichtbar, die über mehrere Millionen Jahre ausgeübt wurde und als praktische Übung das analytische Denken des *Homo sapiens* auf den Weg gebracht hat. Salopp gesprochen: Erst wurde zwei Millionen Jahre lang geschnitten, anfänglich bloß, um neue Nahrungsquellen zu erschließen. Und durch die ständigen Wiederholungen prägten und veränderten die handwerklichen Fähigkeiten der Menschen auch ihr Bewusstsein und ihre Art die Welt zu sehen.

Bei der Herstellung des Sashimis fügt Nori dem Fisch nichts hinzu, sondern bringt nur zum Vorschein, was schon im Fisch angelegt war, aber ohne das Schneiden nicht sichtbar wird.[57] Genau wie bei einem analytischen Gedanken, der etwas Zusammengesetztes, eine komplexe Idee oder ein Gefühl, in seine einzelnen Elemente und Bestandteile zerlegt, stellen sich beim Sashimi Klarheit und Einfachheit ein. Die Sushimeister haben das Schneiden perfektioniert und sind in der Lage, den Fisch so zu schneiden, dass saubere Schnittkanten entstehen. Gepaart mit ihrer Kenntnis von der tierischen Anatomie werden dadurch Geschmäcker freigelegt, die zwar als Möglichkeiten im Fisch schon vorhanden sind, aber ohne Messer und meisterhafte Ausübung niemals zutage treten könnten. Durch die Technik des Schneidens lernen wir die Dinge neu zu sehen, sorgfältig voneinander zu trennen und jedes Teil für sich in Augenschein – oder eben in den Mund – zu nehmen. Beim Sashimi erkennt man die meisterhafte Ausführung daran, dass die Sojasoße von dem in Scheiben geschnittenen Fisch nicht aufgesogen wird, sondern seine Oberfläche nur leicht benetzt. Und man schmeckt es. Nach wenigen Minuten liegt der geschnittene Fisch auf einem kleinen, schwarz lackierten Holzbrett vor mir und ich beginne, aufmerksam zu essen.

Der Einsatz von Messern und das Schneiden sind heute so selbstverständlich, dass kaum nachvollziehbar ist, wie Schneidewerkzeuge und die Entwicklung von immer schärferen Klingen das Leben verändert haben. Auch, dass die Praxis des Schneidens die Evolution des menschlichen Bewusstseins geprägt hat, ist kein alltäglicher Gedanke, und doch liegt es auf der Hand, dass das Schneiden neue Nahrungsquellen erschlossen und zugleich den Blick auf die Dinge revolutioniert hat. Klingen machen es möglich, Dinge sorgsam zu öffnen, sie zu zerlegen und ihre Bestandteile einzeln zu betrachten. Man denke nur an den Unterschied, ob man in einen ganzen Apfel hineinbeißt oder ihn zuvor mit dem Messer in Schnitze zerteilt und entkernt hat. Von Melonen, Kohlrabi oder Rotkohl ganz zu schweigen. Steinobst und Beeren lassen sich nach wie vor direkt vom Baum oder vom Strauch pflücken und essen, aber auch beim Verzehr von pflanzlicher Nahrung sind wir auf Messer angewiesen. Gleichwohl verlieren Früchte und Gemüse an Bedeutung.

Die Entwicklung immer schärferer Faustkeile ging mit einer Umstellung von vorwiegend pflanzlicher Ernährung auf eine fleischlastige Kost einher. Die Klinge richtet das Augenmerk auf den menschlichen Umgang mit den anderen Lebewesen. Sie ist das maßgebliche Werkzeug in der Beziehung zwischen Menschen und Tieren und gleicht die körperlichen Mängel der Menschen aus. Werkzeug und Waffe zu gleichen Teilen, dient die Klinge dem Töten, Häuten und Zerlegen der Beute. Im Unterschied zu den anderen Raubtieren verfügen Menschen weder über Krallen noch Zähne, mit denen sie Tiere töten könnten, und Menschen fressen ihre Beute weder bei lebendigem Leib, noch reißen sie ihr das rohe Fleisch von den Knochen. Während die Löwin, die mit blutverschmierter Schnauze aus der Gazelle hervorschaut, Ehrfurcht in uns auslöst, ekelt uns die Vorstellung, dass Menschen sich mit Zähnen und Händen in das blutige Fleisch von Tieren wühlen. Menschen stecken ihre Münder und Finger nicht ins tote, blutige Fleisch. Menschen zerschneiden ihre Nahrung mit Klingen.

Anhand der Faustkeile lässt sich das Schneiden bis in die Altsteinzeit zurückverfolgen, und es wird heute noch als Küchen-, Schlachter- und Metzgerhandwerk von Menschen auf der ganzen Welt ausgeübt. Die Tätigkeit des Schneidens erweist sich, wie die Herstellung von Werkzeugen, als ein Feld der Tradition und des Lernens. Wer einmal versucht hat, ein Hähnchen aus dem Supermarkt zu zerlegen, weiß, dass selbst diese überzüchteten und laschen Dickbrüster ihre weichen Knochen noch fest zusammenhalten. Das Fressen der Beute durch die handwerkliche Technik des Schneidens zu sublimieren muss eine zähe und lange Entwicklung gewesen sein. Die Kenntnis der Tierkörper und das handwerkliche Geschick, sich ihrer zu bemächtigen, muss sich von Generation zu Generation abgelagert und angesammelt haben. Wie man einem Tier das Bauchfell öffnet, es ausnimmt, häutet und so zerlegt, dass die einzelnen Teile sich gut kochen oder braten lassen, kann man sich nicht allein aneignen. Jemand muss es einem beibringen.

Das Handwerk des Schneidens und das Wissen um die tierische Anatomie führen eine Tradition vor Augen, die aus dem natürlichen Hunger erwachsen ist. Zugleich weist die Praxis des Schneidens über die Natur und das Angeborene hinaus. Die Entwicklung von immer schärferen Faustkeilen und der Fortschritt beim Zerteilen von Tieren werden nur verständlich, wenn Überlieferung und Kommunikation als wesentliche Momente der evolutionären Menschwerdung angenommen werden. Man kann keinen Punkt in der Geschichte der Menschen ausmachen, an dem das Metzgerhandwerk einfach hinzukommt. Das heißt nicht, dass es immer schon existiert hat, aber es bedeutet, dass wir von der Zeit, da Menschenaffen ohne Klingen lebten, nichts mehr wissen können. Die Klingen sind die ältesten Spuren unserer Art. Menschen ohne Klingen sind nicht vorstellbar; sie sind keine Menschen.

Wir können nun den Unterschied zwischen einem Stein und einem Faustkeil, der eben noch bloß intuitiv erfasst wurde, genauer beschreiben: Das Schneidewerkzeug hat einen Griff und eine Klinge. Die eine Seite schmiegt sich in die menschliche Hand, die andere Seite hält der Welt eine scharfe Kante entgegen. Dennoch bleibt die Frage nach dem Ursprung von Griff und Klinge offen. Irgendwie und irgendwann hat sich die Nutzung von zufällig aufgegriffenen, scharfkantigen Steinen als praktisch herausgestellt. Gleichzeitig muss irgendetwas schon angelegt gewesen sein: Die soziale Struktur und das Lernen kommen nicht erst im Menschen hinzu. Wir haben diese Elemente aus dem Reich der Tiere vererbt bekommen. Bei der Suche nach einem Ursprung verschwimmen das Angeborene und das Erlernte, und wir geraten wieder an eine Zone der Ununterscheidbarkeit. Ich verzichte daher auf Spekulationen zu diesen metaphysischen Fragen und richte die Aufmerksamkeit weiter auf die Bedeutung von Griff und Klinge für die menschliche Lebensform.

Zwar hat niemand einen Faustkeil zu Hause, aber in jeder Küche gibt es Messer. Wo gekocht wird, wird auch geschnitten. In jeder Küche und in allen menschlichen Kulturen findet man die Technik des Schneidens. Es ist eine kulturelle Universalie. Messer sind – das ist evident – technische Weiterentwicklungen der ältesten Schneidewerkzeuge aus Stein. Doch Menschen stellen erst seit rund 7000 Jahren Messer aus Metall her.[58] Bis es so weit war und Menschen Klingen aus Metall fertigen konnten, mussten viele andere Entwicklungsschritte genommen werden: Öfen, heiß genug, um das Erz aus dem Gestein zu schmelzen; Gefäße und Werkzeuge, um das heiße Metall zu verarbeiten, und damit nicht zuletzt die Sesshaftigkeit sind nur einige Voraussetzungen. Es sind, verglichen mit den Faustkeilen, sehr junge technische Errungenschaften. Die Praxis des Schneidens existiert schon sehr viel länger als die moderne Kultur, in der wir leben. Sie erstreckt sich von den ältesten Artefakten bis zu den heutigen Messern aus Metall über Hunderttausende Generationen. Zum Vergleich: Bis zum Beginn unserer Zeitrechnung, dem Jahre null, also bis zu Jesus, sind es nur hundert Generationen, gerade mal ein Tausendstel der Strecke. Menschen sind der Tätigkeit des Schneidens seit Jahrmillionen ununterbrochen verhaftet. Das Prinzip von Griff und Klinge und das Schneiden markieren die ältesten überlieferten Techniken, von denen wir Zeugnis haben. Nur das Material, aus dem die Klingen hergestellt wurden, hat sich verändert. Erst waren sie aus Stein, dann aus Kupfer, aus Bronze und schließlich aus Eisen. Diese Materialien und die menschliche Fähigkeit, sie zu verarbeiten, erschienen den Historikern von so immenser Bedeutung, dass sie zu den Namensgebern der Epochen wurden: Steinzeit, Kupferzeit, Bronzezeit, Eisenzeit. Alle großen Zeitabschnitte der Ur- und Frühgeschichte der Menschen sind nach den Materialien benannt, die die Schneidewerkzeuge auf eine neue technische Stufe hoben. Das Material veränderte sich, aber das Prinzip von Griff und Klinge blieb erhalten. Heute finden wir das Schneiden nicht mehr nur in der Küche, sondern die ganze Industrie arbeitet damit. Weder Autos noch Kleidung oder Smartphones sind vorstellbar ohne präzise Schnitte, ohne Fräsen und Lasertechnik. Die Welt, in der wir leben, steht in einer Beziehung zu den ersten Steinhauern, zu diesen Lebewesen aus einer anderen Zeit. Sie haben die handwerkliche Vorarbeit geleistet, ohne sie ist die moderne menschliche Kultur nicht vorstellbar, und diese Tradition gibt uns eine Idee davon, wie das analytische Denken des *Homo sapiens* entstanden sein könnte.

Nachdem ich aufgegessen und mich von Nori verabschiedet habe, betrachte ich noch eine Weile die Fleischertheken und die Metzger mit ihren weißen, blutrot besprenkelten Kitteln. Sie schneiden Keulen und Flanken in kleine Stücke. An den Wänden hängen Zeichnungen von Tieren, die in Fleischpartien zergliedert sind. Die Stücke sind nummeriert und haben eigene Namen: Rücken, Hochrippe, Beinscheibe, Nacken, Tafelspitz, Kotelett, Filet und so weiter. Die Metzgerinnen reißen die Tiere nicht wild auseinander, sondern sie orientieren sich, wie die Sushimeister, an der Anatomie der Tiere. Arbeiten sie sauber, treten die einzelnen Bestandteile des Tieres klar unterschieden zutage. Für den deutschen Philosophen Georg Wilhelm Friedrich Hegel war die menschliche Fähigkeit zum analytischen Denken noch völlig rätselhaft. In der Vorrede seines Buches von der *Phänomenologie des Geistes* (1807) nennt er das (Unter-)Scheiden die »Kraft des Verstandes und die wundersamste Macht«[59]. Obwohl Hegel, wie kein Philosoph vor ihm, die Idee der Entwicklung des Lebens ins Zentrum seines Denkens gestellt hat, kann er sich noch keine Naturgeschichte des Menschen vorstellen. Wie Kant lebte auch Hegel vor Darwin und hatte keine ausgereifte Idee einer Evolution, die in der Natur beginnt und im Reich der Kultur mündet. Es war ihm nicht möglich, sich die geistigen Vermögen des Menschen als Folge einer natürlichen und kulinarischen Entwicklungsgeschichte vorzustellen. Deshalb bleibt das analytische Denken, oder »das Scheiden«, wie er es nennt, für Hegel wundersam. Er konnte die Praxis des Schneidens nicht als Ausgangspunkt des analytischen Denkens erkennen. Ich stelle nun den alten Hegel in gut materialistischer Tradition nicht nur vom Kopf auf die Füße, sondern direkt in die Küche. Dort wird die Entwicklungsgeschichte des menschlichen Bewusstseins einsichtig.

I think

Erinnern wir uns an dieser Stelle noch mal an Henri Bergson. Er hat das Denken einen Ausläufer des Handelns genannt und damit gemeint, dass das menschliche Denken nur zu begreifen ist, wenn man sich die Handlungen der Menschen anschaut und beides in eine Beziehung setzt. Da Menschen oder menschenähnliche Lebewesen über zwei, drei Millionen Jahre Tiere und Pflanzen zerschnitten haben, Werkzeuge, Handwerk, soziale Kommunikation und die Fähigkeit, Möglichkeiten zu erkennen, uralt sind, kann das menschliche Bewusstsein als langsame evolutionäre Entwicklung einsichtig werden. Einige Elemente unseres heutigen Denkens können aus der Praxis des Schneidens abgeleitet werden. Die uralte kulinarische Technik des Schneidens darf als handwerklicher Pate für die geistigen Fähigkeiten des Unterscheidens angesehen werden. Das Schneiden steht am Anfang des analytischen Vermögens des menschlichen Bewusstseins.

Immanuel Kant lehrt uns, dass das menschliche Denken sich aus analytischen und aus synthetischen Urteilen zusammensetzt.[60] Analytische Urteile sind solche, die dem Gegenstand der Untersuchung nichts hinzufügen, sondern diesen bloß zergliedern. Etwas wird in seine Bestandteile auseinandergelegt, und dadurch wird ein genauerer Blick auf die Sache möglich. Es kommt etwas zum Vorschein, dass schon da war, aber erst durch das Zerlegen sichtbar wird.[61] Wie Nori, wenn er einen Fisch zerschneidet und das Sashimi hervorbringt. Das analytische Denken ist nicht nur in der Philosophie, sondern in allen Wissenschaften von entscheidender Bedeutung. Wissenschaft ohne Analyse ist gar nicht denkbar. Das Vermögen, ein Ding oder einen Sachverhalt analytisch zu betrachten, ist heute so selbstverständlich, dass die Frage, warum Menschen überhaupt analytisch denken können, kaum gestellt wird. Will man jedoch an Kant und Darwin festhalten und erklären, wie das menschliche Denken sich entwickeln konnte, muss auch einsichtig werden, wie sich analytisches Urteilsvermögen im Laufe der Evolution herausgebildet hat und warum es vorteilhaft war, analytisch zu denken. Im Gegensatz zu Hegels Zeiten ist dies heute möglich, weil das Wissen über die menschliche Herkunft aus der Natur sehr vielfältig geworden ist. Das menschliche Bewusstsein muss nicht mehr als wundersam begriffen werden.

Was ist also eine Analyse, und wie sind analytische Urteile möglich?

Eine Analyse ist ein praktischer oder geistiger Vorgang, der möglich wird, wenn es einen festen Standpunkt gibt, von dem aus er vollzogen wird. Der Blick muss für die Dauer der Analyse fokussiert bleiben. Es braucht eine verlässliche Perspektive, um etwas zu analysieren. Wenn die Betrachterin im Laufe ihrer Untersuchung den Standpunkt wechselt, wird sie nicht zu eindeutigen Ergebnissen kommen. Es muss eine Form von Einheitlichkeit der Perspektive gewährleistet sein, damit analytisches Wissen gewonnen werden kann. Die Frage danach, wie sich diese einheitliche Perspektive auf evolutionärem Wege herausgebildet hat, bringt mich in Verlegenheit. Jede Erklärung für die Entwicklung des analytischen Denkvermögens des Menschen, die ich und andere analytisch denkende Menschen als plausibel und nachvollziehbar akzeptieren können, muss selbst analytisch sein. Dabei ist die Schwierigkeit bei der Suche nach der Herkunft des analytischen Denkens nicht das Auffinden des Vorgangs selbst. Dass Affen lernen, mit einem scharfen Stein einem toten Tier das Fleisch von den Knochen zu schneiden, kann man sich leicht vorstellen. Es ist auch vorstellbar, dass Affen ihr Wissen an ihre Nachkommen weitergeben und dass diese Wesen des Übergangs immer besser begreifen, wie sie ihre Beutetiere zerschneiden müssen, um alle essbaren Teile zu erreichen und dem Tier die Haut abzuziehen. Schwierigkeiten macht das Subjekt, also die Perspektive oder der Standpunkt desjenigen, der die Analyse durchführt. Wie war es für diese Menschenaffen, darüber nachzudenken, wo sie die Schnitte ansetzen sollen? Inwiefern war ihr inneres Erleben dem heutiger Menschen ähnlich? Diese Fragen bringen das Denken an eine Grenze.

Menschen sind nicht fertig vom Baum gestiegen. Episodisches Erleben und Erinnerung, Selbstgefühl und Selbstbewusstsein müssen sich langsam herausgebildet, auch Subjektivität muss eine evolutionäre Entwicklung durchlaufen haben. In der klassischen europäischen Philosophie wird Subjektivität häufig mit Individualität zusammen gedacht. Individualität meint, dass es in jedem Mensch einen unteilbaren und sich selbst gleichen Kern gibt. Diese Konzeption hat viele politisch und ethisch sinnvolle Aspekte. So macht die Annahme, dass Menschen mit sich selbst identisch sind, das Konzept von Verantwortung erst plausibel. Wenn der Dichter Arthur Rimbaud recht hätte und ich jederzeit ein anderer sein könnte, wäre ich für meine Handlungen nicht verantwortlich zu machen und nicht zur Rechenschaft zu ziehen. Es gibt also gute Gründe, an der Idee der Identität festzuhalten. Andererseits kann ein Subjekt, dass unteilbar und nur mit sich selbst identisch ist, kaum langsam entstanden sein. Subjektivität bleibt dann ohne Erklärung und Geschichte. Sie muss einfach angenommen werden und wird als spontan oder transzendental – wie Kant es genannt hat – gefasst. Das heißt irgendwie außerhalb des natürlichen Werdens und Vergehens aller Dinge.

Aber eben diesen transzendentalen Standpunkt können wir nicht mehr einfach festhalten, sondern müssen ihn mit Darwins naturphilosophischer Konzeption von Evolution vereinbaren.

Eine Alternative könnte darin bestehen, Subjektivität als Konstellation zu begreifen, als Serie sich wiederholender Momente von Aufmerksamkeit, die es über einen längeren Zeitraum möglich machen, Selbstbewusstsein und Souveränität herzustellen. Diese werden dann nicht als Ausgangspunkt, sondern als Ziel menschlichen Handelns verstanden. Niemand wird als verantwortungsvolles Lebewesen geboren, aber jeder Mensch hat das Potenzial, ein selbstbestimmtes Leben zu führen und zu einem verantwortungsvollen Umgang mit sich und den anderen zu finden. Wie dies auch gelingt, steht auf einem anderen Blatt.

Vorerst führt das Zerlegen von Beutetieren einen Vorgang vor Augen, der beispielhaft für ein Ereignis steht, das immer wieder ausgeübt wurde und sich seriell wiederholt. Es ist eine zusammenhängende Arbeit, die von einem oder mehreren ausgeführt werden muss. Sie hat mit der getöteten Beute und dem Verfügbarmachen des Fleisches einen klaren Anfang und ein klares Ziel. Die Aufmerksamkeit ist – im Wortsinne – konzentriert: Es gibt einen klaren Fokus und eine Ausrichtung des Bewusstseins. Die Wiederholungen über die Generationen hinweg machen es denkbar, dass sich Stabilität, Dauerhaftigkeit und Einheitlichkeit der Perspektive einstellen konnten. Anfänglich nur in Abschnitten von kurzer Dauer. Für die Zeit, die ein Mensch ein Tier zerlegte. Für die Zeit, die eine Arbeit dauerte. Für die Zeit, die man auf die Herstellung eines Werkzeugs verwendete. Für den Anblick eines Sonnenaufgangs. Für die Zeit einer Geburt. Für die Zeit eines Liedes. In dieser frühgeschichtlichen Phase kann Subjektivität im vollen Sinne noch nicht ausgebildet gewesen sein. Eine Person, der bereits subjektive Integrität zugesprochen werden kann und die von der zeitgenössischen Philosophie wie vom Rechtsstaat zur Bedingung eines zurechnungsfähigen und mündigen Menschen gemacht wird, ist noch in weiter Ferne. Bisher ist bloß eine kulinarische Praxis freigelegt, der Prozesse beigeordnet werden, die analytisches Handeln und Denken möglich gemacht und zur Entstehung von Rationalität beigetragen haben könnten. Das subjektive Erleben ist noch flüchtig. Noch kann man eins aus dem anderen ableiten: Steine haben Klingen möglich gemacht, und Klingen bringen eine neue Art zu töten in die Welt. Dieser besondere Einfall der Evolution schickt das Bewusstsein Richtung Menschheit. Erst durch die Betrachtung des Tötens und die Reflexion auf den Tod können die Ablagerung von Subjektivität, die Entstehung von Personen und von normativen Anerkennungsverhältnissen im vollen Sinne plausibel werden.

Aber der Reihe nach. Ich habe die Markthalle wieder verlassen und bin gedanklich schon in der Schweiz, bei einem Symposium über das Jagen und die Evolution.

Jagen

»Aber nicht das Leben, das sich vor dem Tode scheut und von der Verwüstung rein bewahrt, sondern das ihn erträgt und in ihm sich erhält, ist das Leben des Geistes. Er gewinnt seine Wahrheit nur, indem er in der absoluten Zerrissenheit sich selbst findet.«[62]

Georg Wilhelm Friedrich Hegel

Am Bahnhof in Basel überrascht mich die kalte Luft. Ich kann meinen Atem sehen, schlage den Kragen hoch und nehme ein Taxi, das mich in die Rue Dorsai bringt. Dort, am Stadtrand, steht eine kleine Villa. Im Garten vor dem Haus rauchen honorige Herren in Cordanzügen Pfeife.

Ich bin bei Weitem der Jüngste und stelle mich vor. Es dauert einen Moment, bis einer der Herren mich zuordnen kann.

Schön, dass Sie den Weg gefunden haben. Einige Taxifahrer kennen die Rue Dorsai nicht, sie verfahren sich immerzu grässlich und dann lamentieren sie, als sei der Fahrgast daran schuld. Manche Fahrer bezweifeln sogar ihre Existenz, und ihre Unkenntnis hat durchaus Tradition. Es ist ein alter Streit, ob die Rue Dorsai noch zur Stadt Basel oder schon zur umliegenden Landschaft gehört. Ich schaue mich um, und tatsächlich ist mehr Wald als Straße zu sehen. Die Bäume sind fast kahl.

Der freundliche Herr stellt sich als Franz Jung vor, er hat diese Tagung zum Thema »Jagen und die Evolution« organisiert und macht mich nun mit den anderen Herren bekannt. Ein Dramatiker aus Amerika, Robert Ardrey jr., der einwandfrei und mit dem einzigartigen Cowboysingsang der US-Amerikaner Deutsch spricht. Sehr erfreut. E. P. Fischer, ein Professor der Wissenschaftsgeschichte aus Deutschland, und Michael Tomasello, der ehemalige Direktor des Max-Planck-Instituts für evolutionäre Anthropologie und Träger des Hegel-Preises. Ich schüttele allen die Hand und man weist mir den Weg ins Haus. Gehen Sie ruhig schon hinein und legen Sie ihr Reisegepäck ab. Marlene hat ein Zimmer für Sie zurechtgemacht.

Durch einen gläsernen Windfang trete ich ins große Haus. Guten Tag. Eine Frau kommt auf mich zu. Bitte folgen Sie mir, Sie nächtigen im Canettizimmer, wenn es Ihnen genehm ist. Ja, ist mir genehm. Im ersten Stockwerk öffnet sie die Tür zu einem großzügig geschnittenen Zimmer. Ein erstklassig gemachtes Bett steht einem großen Fenster gegenüber, das den Blick auf einen bewaldeten Hügel hinter dem Haus freigibt. Links steht ein Bücherschrank, mein Blick streift die Buchrücken, und tatsächlich sind dort nicht nur die Werke Elias Canettis versammelt, sondern jedes Buch scheint in einem Bezug zu dem Autor zu stehen. Auf dem Schreibtisch vor dem Fenster steht eine Bronze des Schriftstellers.

Wenn so weit alles recht ist, lasse ich Sie nun allein. Das Mittagessen wird um zwölf Uhr dreißig aufgetragen. Bitte stellen Sie sich pünktlich ein.

Ich drehe mich zur Tür. Die Dame des Hauses hat gewartet. Ich nicke ihr zu. Sehr wohl, vielen Dank.

Sobald die Tür geschlossen ist, löse ich meine Schnürsenkel, stelle meine Schuhe neben dem Bücherregal ab und nehme die Buchrücken genauer in Augenschein. Ich ziehe verschiedene Bücher aus dem Regal, blättere herum, schnappe ein paar Orte und Jahreszahlen auf und entscheide mich dann für *Masse und Macht* (1960) von Canetti selbst. Mein Lieblingskapitel heißt »Die Eingeweide der Macht«. Dort nennt Canetti die Verdauung den »zentralsten, wenn auch verborgensten Vorgang der Macht«.[63] Canetti denkt Verdauung als völlige Vernichtung der Nahrung, als einen

Prozess, der die Nahrung dem eigenen Körper angleicht und nichts von ihr zurücklässt, weder ihre Gestalt noch ihre Funktion. Eine totale Assimilation am Grunde allen Lebens. Ewige Metamorphose und Verwandlung. Ein faszinierender Gedanke, so schnell wie ein Blitz.

Jetzt lese ich noch mal die Abschnitte über das Jagen[64]: Canetti schreibt über die Jagdmeute, eine archaische Gruppe, deren Konzentration sich auf einen gemeinsamen Gegenstand, die Beute, richtet. Die Konzentration ist eine, wie Canetti schreibt, von *allen zusammen.*[65] Man lernt die Spuren der Tiere lesen, geht gemeinsam auf die Jagd, setzt der Beute nach und lässt sie nicht aus den Augen, bis das Tier erlegt ist. Erst dann lässt die Erregung nach und die Verteilung steht an.

Irgendwann ertönt eine Glocke. Es ist Zeit, sich zum Mittagessen einzustellen. Ich ziehe mich an und begebe mich pünktlich um zwölf Uhr dreißig in den Speiseraum. Zu den bereits bekannten Gesichtern haben sich noch weitere hinzugesellt. Wir trinken Champagner aus Kristallgläsern. Es ist äußerst mondän. Ich weiß immer noch nicht so recht, was mich hier erwartet, aber es gibt keinen Grund zur Ungeduld.

Als der Champagner zu wirken beginnt, schlägt jemand einen kleinen Löffel gegen sein Glas, und Franz Jung beginnt zu sprechen.

Meine lieben Freunde und Gäste, schön, Sie hier zu haben. Ich möchte die Neuen vorstellen. Herlinde Koelbl, Fotografin, der wir den eindrucksvollen Bildband *Opfer*[66] verdanken, Agustín Fuentes, Shootingstar der paläoanthropologischen Forschung, wenn ich so sagen darf, Dr. Jones, ein Freund der Leakeys aus den USA, und Leon Joskowitz, ein Philosoph aus Frankfurt am Main. Ich freue mich, dass Sie sich heute unseren Gesprächen anschließen. Allgemeines Kopfnicken und Gläserheben. Bitte setzen wir uns, wir wollen die Köche nicht warten lassen. Stühle werden gerückt, leise natürlich. Der dicke Teppich verschluckt alles Kantige und Laute. Verschiedene Brotsorten und Butter sind schon eingedeckt. Ob ich einen Chardonnay zur Vorspeise möchte? Ich bleibe beim Champagner. Herlinde Koelbl schließt sich an. Die Gläser füllen sich und am Tisch beginnen die Gespräche neu. Als die Suppe in Terrinen serviert ist und wir uns gegenseitig bedient haben, spricht Franz Jung zur Runde.

Sie wissen, was den Anlass gab, Sie einzuladen: die Jagd. Ich frage mich, wie sich die menschliche Form der Jagd entwickelt hat und welche Rolle ihr bei der Menschwerdung zugerechnet werden muss. Unserer illustren Runde sollte es gelingen, etwas darüber in Erfahrung zu bringen. Wenn Sie erlauben, mache ich den Anfang. Es war eine rhetorische Frage. Natürlich erlauben wir, und Franz Jung beginnt seinen Vortrag.

Auf den ersten Blick scheint die Jagd eine Art der Nahrungsbeschaffung zu sein, die man in vielen verschiedenen Formen in der Natur beobachten kann. Säugetiere, Reptilien, Vögel und Insekten aller Art begeben sich auf die Jagd. Die Menschen haben das Jagen also nicht erfunden. Aber die Menschen mussten das Jagen erst lernen. Sie haben es sich im Laufe ihrer Menschwerdung antrainiert.

Im Unterschied zum *Homo sapiens* sehen wir die uns verwandten Menschenaffen nur selten auf der Jagd. Sie essen größtenteils pflanzliche Nahrung, manchmal auch Larven oder Käfer. Aber das gemeinsame Jagen und damit auch das Töten von Tieren, die ihnen ähnlich sind, scheint für sie ohne größere Bedeutung zu sein. Ergibt sich die Möglichkeit, umzingeln sie schon mal einen Lemuren in den Baumkronen, und wenn sie ihn erwischen, töten sie das kleinere Tier, indem sie es in Stücke reißen und bei lebendigem Leibe auffressen.[67] Doch diese Jagden kommen selten vor, und in ihrer täglichen Ernährung sind Menschenaffen nicht auf die Jagd angewiesen. Ich denke, dass das rohe Fleisch ihre Nahrung um gewisse Spurenelemente bereichert, die sich eher im Fleisch als in pflanzlicher Nahrung finden, aber da wir bekanntlich nicht mit den Affen über die Motive ihres Handelns sprechen können, muss offenbleiben, was sie zur Jagd motiviert.

Beobachten lässt sich hingegen, dass die Beute von dem Affen verteilt wird, der den Fang gemacht hat. Selbst wenn einem unterrangigen Tier der Zugriff gelingt, erkennen die Alpha-Tiere sein Vorrecht an, die Beute nach eigenem Gutdünken zu verteilen.[68] Es liegt in der Natur der Sache, dass das Teilen der Beute bei allen Tieren vorkommt, die in Gruppen jagen. Auch die Mitglieder einer Gruppe, die nicht auf die Filetstücke hoffen dürfen, gehen davon aus, dass sie etwas von der Beute abbekommen. Vor diesem Hintergrund hat Elias Canetti das Gesetz der Verteilung »das älteste Gesetz«[69] genannt. Wer mit auf die Jagd geht, hat Hunger und ein Interesse an der Beute. Alle Jäger und Jägerinnen machen einen Anspruch auf die Beute geltend, und die Gruppe muss – um dem Kannibalismus vorzubeugen – festlegen, wer gejagt werden darf, und dann Mechanismen oder Gesetze finden, um die Verteilung der Beute zu regeln. Bei der Verteilung der Beute sehen wir also soziale Aushandlungsprozesse, die vegetarisch lebende Affen kaum organisieren müssen. Bei ihnen wird die Nahrung nicht mit der ganzen Gruppe geteilt, sondern nur mit dem eigenen Nachwuchs. Die Umstellung von vorwiegend pflanzlicher Ernährung auf fleischige Kost, wie sie sich beim Übergang von Affen zu Hominiden eingestellt hat, bedeutet also nicht nur eine ernährungsphysiologische Umstellung, sondern in gleichem Maße einen radikalen Wandel des Sozialverhaltens. Während zuvor jeder für sich aß, isst man nun zusammen. Dieses gemeinsame Speisen erzeugt eine neue soziale Situation, die sich im Tierreich meist auf das Verhältnis von Eltern und Kind beschränkt, für die menschliche Art aber im Ganzen konstitutiv wird. Man speist gemeinsam, und nichts verbindet Menschen bekanntlich so sehr wie Familienbande und Freundschaften, die beim gemeinsamen Mahl entstehen.

Nach der Suppe wird Beef Tartar mit rohem Wachteleigelb serviert, nach allen Regeln der klassischen Haute Cuisine angemacht und aufgetragen. Als alle Gäste bedient sind, fährt Franz Jung fort.

Die Jagd wirft viel Nahrung ab, sie fordert das soziale Miteinander und begünstigt die Entwicklung komplexer Kommunikationsformen. Gleichzeitig ändert die Jagd das Anforderungsprofil an die hominiden Körper. Während alle vegetarisch lebenden Menschenaffen ein Fell tragen, sind Menschen bis auf einige Büschel an Achsel, Vulva und Penis offensichtlich nackt. Menschen haben ihr Fell im Laufe der Evolution abgelegt. Ich will daher fragen, ob sich eine evolutionäre Situation denken lässt, in der der Verlust des Fells ein Vorteil war, und meine These lautet, dass Menschen das Fell zur besseren Durchblutung und Kühlung bei langen Hetzjagden verloren haben. Ohne Fell kann man mit der ganzen Haut atmen. Dies dient dazu, die Muskeln zu kühlen und nicht zu überhitzen. Wer weniger Fell hat, kann anderen Tieren länger hinterherhetzen und wird auf der Jagd erfolgreicher sein. Stellen wir uns die ersten Menschen als große Affen mit nach vorn gebeugten Körpern vor. Sie waren des freihändigen Gangs schon mächtig, liefen aber noch auf den Händen. Gegenstände über weite Strecken mit sich zu führen, war noch beschwerlich, es gab weder Körbe noch Bänder. Wenn man etwas mit sich tragen wollte, musste man es in den Händen halten.

Der Hauptgang wird serviert, eine Forelle mit Salzkartoffeln. Franz Jung fährt fort.

Menschen gehen also gemeinsam auf die Jagd. Ähnlich wie die Affenbrüder jagt man zuerst kleinere Tiere, später verfolgen und hetzen die aufrecht gehenden Menschen auch größere Herden. Sie lernen, ihre Spuren zu lesen. Blut ist die Königsspur. Man lernt, verletzte, schwache und junge Tiere zu isolieren. Vielleicht dauert es lange, doch sie setzen ihnen nach. Sie wechseln sich in der Verfolgung ab und teilen ihre Kräfte ein. Durch Rufe bleiben sie über größere Abstände miteinander in Kontakt. Das verfolgte Tier hingegen ist allein. Mit Steinwürfen oder Stockschlägen wird es vom Trinken abgehalten, zermürbt und entkräftet. Noch haben die Menschen keine Speere und die geworfenen Steine allein können das Tier nicht töten. Die Jäger verfolgen das Tier, bis es entkräftet zusammenbricht. Diese Form der Jagd nennt man Hetzjagd.

Einige sehr fellige Mitglieder der Gruppe erschöpft die Jagd mehr, sie bleiben zurück. Die Menschen mit lichterem Fell hingegen können ihre von der Jagd erregten und erhitzten Körper während der anstrengenden Verfolgung besser kühlen. Ihr Einsatz lohnt sich. Die Hetzjagden werfen große Beute ab, und die Jäger, die zuerst bei der Beute sind und das Tier erlegen, haben – wie bei den Affen – das Vorrecht, die Beute zu verteilen. Sie kommen zu Anerkennung und Macht. Es liegt nahe, dass auch die anderen in der Gruppe gerne von der Beute essen und bereit sind, sich den erfolgreichen Jägerinnen unterzuordnen. Der Verlust des Fells könnte also damit zusammenhängen, dass weniger Fell mehr Jagderfolge bedeutete und mehr Beute nicht nur das Überleben des Einzelnen sicherte, sondern zu Anerkennung in der Gruppe, zu mehr Freizeit, Sex und Nachkommen führte.

Franz Jung endet hier, wir nicken anerkennend ob der wohlgeführten Rede, und Michael Tomasello ergreift jetzt das Wort.

Da sprechen Sie einen entscheidenden Punkt an. Die gemeinsame Ausrichtung der Gruppe bei der Jagd ist für den Erfolg und das Erlegen größerer Tiere entscheidend. Die menschliche Fähigkeit, bei der Jagd gemeinsam ein Tier aus einer Herde zu isolieren und als zu hetzendes Opfer in den Blick zu nehmen, führt zu einer neuen Art und Weise, sich zu koordinieren und zu denken. Die Jäger lernen, sich während der Jagd zu verständigen und aufeinander zu beziehen. Sie lernen dabei, die Perspektive der anderen Jäger einzunehmen, und es handelt sich nicht mehr um ein rein instinktives Jagen wie bei den Tieren. Die menschlichen Gruppen koordinieren sich mittels Lauten und steigern so ihre sozialen und kommunikativen Fähigkeiten. Dieses kooperative Verhalten ist für Hominiden von zentraler Bedeutung und unterscheidet sie von anderen Menschenaffen. Ich habe dafür den Begriff der »geteilten Intentionalität«[70] gefunden. Die gemeinsame Ausrichtung auf ein Objekt, die Beute, und ein gemeinsames Interesse, der Tod der Beute, markieren einen Anfang. Ich denke sogar, dass diese Form der natürlichen Kooperation die Voraussetzung für komplexe sprachliche Kommunikation ist, und habe in meinen Büchern gezeigt, dass sich aus diesem natürlichen Verhalten verschiedene Strukturen des menschlichen Denkens ableiten lassen.[71]

Der Anthropologe Fuentes nickt zustimmend und ergänzt: Für die frühen Menschen ist ein großes Beutetier etwas Neues. Bei einem Jagderfolg ist die Horde auf Tage vom Hunger befreit. Natürlich musste man lernen, die großen Mengen Fleisch, die nun zur Verfügung stehen, auch zu verwerten oder haltbar zu machen. Die Jäger werden nun dauerhaft satt – und zu einer immer größeren Bedrohung für die anderen Lebewesen. Affen, die sich vorwiegend vegetarisch ernähren, leben meistens friedlich mit den anderen Tieren zusammen. Erst seit Menschen regelmäßig auf die Jagd gehen, sind die anderen Tiere zu ihren Opfern geworden.

Auch Ardrey jr. steuert etwas bei: Das Jagen ist das Neue schlechthin am Menschen. Das Besondere an uns ist wohl, dass wir nicht mit Zähnen und Krallen jagen, sondern mit Werkzeugen. Es ist uns nicht angeboren, wir müssen das Jagen erlernen. Wir sind Affen mit Waffen, Baby. It's that easy. Believe me. Kaut er während des Essens Kaugummi? Er ist der Sohn des Dramatikers Robert Ardrey, der in den 1970er-Jahren mit seiner Erzählung *Man the Hunter*[72] kurzzeitig zu Weltruhm gekommen ist. Offenbar steht er in der Tradition seines Vaters. Er weiß begeistert zu erzählen – als wäre er selbst dabei gewesen.

Die frühen Hominiden töteten auch andere Affen und Hominide. *Homo erectus* tötete den *Homo habilis*, der den *Homo ergaster*, und alle zusammen töteten die verschiedene *Australopithecinen* und auch den vergessenen *Simia dei*. Wir jagten ähnliche Arten, auch uns selbst, verwandte Gruppen und Populationen, die anders aussahen und rochen. Darwin hat geschrieben, dass der Kampf innerhalb der Arten am stärksten sei. Das ist wahr. Warum sonst sind alle anderen Hominiden ausgestorben? Wir – *Homo sapiens* – haben alle anderen getötet.

Ardrey sprudelt.

Am Anfang stehen, like my friend Franz just said, die Hetzjagden. Wenn die Hatz vorbei ist, schlagen die Jäger die Beute tot.

Ardrey blickt triumphierend in die Runde.

Ich stelle mir diese Szene vor und ein Bild kommt mir in den Sinn. Ich räuspere mich. Franz Jung blickt mich an und gibt mir das Wort. Sprechen Sie.

Ich möchte gerne eine Überlegung beisteuern. Bleiben wir beim Bild der Hetzmeute, die das zusammengebrochene Tier erreicht. Das Tier atmet noch, getrockneter Speichel klebt ihm um das blutige Maul, der Blick ist apathisch und geht pupillenlos in den leeren Himmel. Ein Jäger will das Tier erschlagen. Er hebt einen schweren Stein und holt aus. Da tritt eine Jägerin hervor und gebietet ihm, einzuhalten. Seit Tagen hat sie einen scharfkantigen Stein nahe am taschenlosen und lichten Fell mit sich geführt. Er weicht zurück, und jetzt kniet sie über dem erschöpften Tier. Ihre Hand umfasst den scharfen Stein und sie schneidet der Beute mit einer einzigen Bewegung die Kehle durch. Es geht alles ganz schnell. Ein einziger Schnitt durchtrennt Luftröhre und Halsschlagader. Die Haut klafft auf, und in einem Schwall ergießt sich das Blut auf den trockenen Boden der Steppe.

Dr. Jones schiebt sich die letzte Gabel mit Forelle und Kartoffeln in den Mund, Herlinde Koelbl schaut neugierig.

Die frühen Menschen töten auf diese Art immer wieder mit der gleichen schneidenden Bewegung. Das Töten mit Klingen ist effizienter und weniger brutal als das Erschlagen. Die ältesten Waffen, die diese Art des Tötens möglich gemacht haben, sind über zwei Millionen Jahre alt. Während die Raubtiere ihre Beute mit den Zähnen zerfleischen oder in Stücke reißen, kommt mit dem Kehlenschnitt eine menschliche Art zu töten in die Welt. Der Kehlenschnitt macht eine Entwicklung denkbar, die uns von den frühesten Hetzjagden bis hin zu den kultischen Opferriten führt. Es muss ein sehr langer Weg gewesen sein, vielleicht eine Million Jahre, vielleicht länger, und ob man diese Annahme für plausibel hält, muss jeder für sich selbst entscheiden. Unstrittig dürfte hingegen sein, dass sich kulturelles Brauchtum aus natürlichem Verhalten entwickelt haben muss. Beim Opferritual handelt es sich, wie wir wissen, um die älteste überlieferte kultische Handlung.[73] Will man eine Erklärung für das Aufkommen der menschlichen Kultur geben, die mit einem naturwissenschaftlich fundierten Weltbild vereinbar ist, muss man eine Erklärung für den Übergang vom bloßen Töten und Fressen der Tiere in die Welt der Küchen, der Feuer und der rituellen Opferungen geben.

Dabei gilt, dass die Evolution keine Sprünge macht, sondern sehr viel Zeit hat und alle Veränderungen sich nach und nach einstellen. Das Töten mit Klingen wurde über einen Zeitraum von mehreren Millionen Jahren eingeübt, und es liegt nahe, dass dieses natürliche Verhalten, welches anfänglich bloß als Lösung für den Hunger aufkommt, irgendwann in Opferritualen eine kulturelle Form findet.

Ich beende meine Rede. Eine kurze Pause entsteht. Dann sprechen plötzlich alle gleichzeitig, und zum ersten Mal verliert die Gesellschaft ihre anmutige Form. Nur Herlinde Koelbl nimmt mich lächelnd in Augenschein. Ich kenne ihre Fotografien von sardischen Opferlämmern und bewundere ihre Arbeiten. Als sich die erste Aufregung gelegt hat, ergreift sie das Wort.

Ich glaube, dass Sie eine Idee formulieren, die es zu verfolgen lohnt. Einfach ist es nicht, aber das Durchschneiden der Kehle ist ohne Zweifel in der religiösen Opferpraxis zu Hause. Man darf annehmen, dass die frühen Opferrituale sich aus der Jagd abgeleitet haben. Wie Sie – sie blickt zu Franz Jung – besser wissen als wir, hat der Baseler Altphilologe Karl Meuli eben diese Herkunft für die olympischen Opferbräuche der alten Griechen aufgezeigt.[74] Ich selbst habe Opferungen fotografiert und teile die Ansicht, dass es sich bei diesen uralten Ritualen um inszenierte Tötungen handelt, die nach Antworten auf ethische Fragen suchen. Wer opfert, gibt seinem Handeln eine kulturelle Form, und die Opferhandlung zeugt davon, dass ein Bewusstsein von Endlichkeit und individueller Existenz vorhanden sind. Das Bewusstsein vom Tode ist ein wesentliches Moment menschlicher Kultur, und die kulturelle Praxis des Opferns zeugt von Lebewesen, die bereits darüber verfügen.

Herlinde Koelbl schaut mich an, die anderen schweigen.

Franz Jung schlägt vor, eine Pause zu verabreden und sich später im Wintergarten neu zusammenzufinden. Ich schiebe meinen schweren Stuhl zurück, steuere Richtung Tür und ziehe einen Mantel über, den die Hausdame mir freundlicherweise reicht. Ein echter Pelz mit flauschigem Kragen. Weich, halb Pferderennen, halb mongolische Steppe. Im Garten bin ich allein.

I think

Wir können nicht wissen, ob Menschen ihr Fell auf der Jagd verloren haben. Es ist auch denkbar, dass unsere nackte Haut auf die menschliche Neigung zurückzuführen ist, gerne zu schwimmen. Es gibt eine bestimmte Art von Fett unter der menschlichen Haut, die sich sonst nur bei Tieren findet, die im Wasser leben, und im Laufe der letzten Jahrzehnte wurde immer mal wieder die Idee geäußert, dass das Leben am und im Wasser eine entscheidende Rolle bei der Menschwerdung gespielt haben könnte.[75] Vielleicht gab es auch andere Gründe, die wir nicht kennen. Es gibt keine Kriterien, um diese Hypothese zu verifizieren oder zu falsifizieren: Weder kann man die Evolution der Menschen beobachten, noch gibt es Experimente, die diese Annahmen überprüfbar machen. Allen Erklärungen für körperliche Veränderungen wohnen erzählende Elemente inne, und welchen Erzählungen wir Glauben schenken, sagt mehr über uns aus als über die tiefe Vergangenheit. So bleibt der Versuch, die Entstehung der besonderen körperlichen Eigenarten der Menschen zu erklären, mit großen Zweifeln behaftet. Auch die kulinarischen Meditationen müssen mit dieser Ungewissheit umgehen. Jedoch sind aus philosophischer Perspektive weder die Haut noch Zähne oder gar die Schädelform die zentralen Untersuchungsgegenstände. Philosophen und Philosophinnen interessieren sich für das menschliche Bewusstsein. Es hat sich gemeinsam mit den Körpern im Laufe der Evolution entwickelt, und wie Bergson betrachte ich Handeln und Bewusstsein als zwei Seiten derselben Medaille. Beim

Handeln, beim Sammeln, Jagen und Töten mit Waffen hat sich das menschliche Bewusstsein entwickelt. Handeln und Bewusstsein sind nicht zu trennen, und beide passen zu der Umwelt, die ein Lebewesen bewohnt.

Töten

Der Garten ist weitläufig, fast schon ein kleiner Park. Ein Kiesweg führt vom Haus an Beeten mit Beerensträuchern vorbei in den hinteren Teil des Gartens. In der Mitte steht eine große Kastanie als Solitär und streckt ihre alten Äste ausladend von sich weg. Sie und einige andere Bäume tragen keine Blätter mehr, aber es liegt kaum Laub herum. Ich frage mich, ob es abtransportiert wurde, und halte nach einem Kompost Ausschau, als ein graues Eichhörnchen aus dem angrenzenden Waldstück auftaucht und auf mich zuläuft. Fünf, sechs Meter vor mir hält es inne und schaut zu mir auf. Ich ziehe meine Hände aus den Manteltaschen und zeige sie ihm. Ich habe nichts für dich. Einen Moment verweilen wir in unseren Positionen, dann dreht es den Kopf und springt davon.

Ich würde gerne ein einziges Mal aus den Augen eines anderen Tieres die Welt sehen: seinen Herzschlag fühlen, als Eichhörnchen in eine Nuss beißen, als Eisbär im Tiefschnee, nur für einen einzigen Flossenschlag ein Fisch sein. Aber es ist schon schwer genug, sich in sein Gegenüber hineinzuversetzen. Selbst bei anderen Menschen kann man nie sicher sein, wie sie die Welt wahrnehmen und was sie fühlen. Um die Anderen zu verstehen und ihre Position einzusehen, sind wir auf die Sprache als vermittelndes Medium angewiesen. Die menschliche Sprache verbindet alle Menschen und zieht zugleich eine kommunikative Grenze zu den Tieren. Diese Grenzziehung muss einsichtig werden, wenn die Herkunft der Menschen aus dem Reich der Tiere erklärt werden soll. Menschen können sprechen und sie sind moralische Wesen, sie folgen in ihrem Leben und Handeln nicht nur den Naturgesetzen, sondern sie regeln ihr Zusammenleben durch

Tabus, Gebote, Verbote und Gesetze. Gleichzeitig aber entstammen Menschen der Tierwelt. Es muss also eine Erklärung dafür geben, warum es für Menschen vorteilhaft war, sprechen zu lernen und zu moralischen Wesen zu werden. Die biologische Anthropologie berichtet von genetischen Veränderungen im Erbgut, die die körperlichen Entwicklung der Menschen möglich gemacht haben. Aber diese Annahme reicht noch nicht aus, um eine normative, also auf moralische Regeln und Einsichten gebaute Lebensform zu erklären. Die Individuen, die besser sprechen konnten als die anderen, hätten sich in der freien Wildbahn nicht gegen körperlich stärkere Individuen durchgesetzt. Erst im Schutz einer kulinarischen Lebensform wurde es vorteilhaft, wenn man gut sprechen und seine Anliegen formulieren konnte. Am Feuer erblicken wir eine Welt, die es möglich macht, dass Bewusstsein nicht mehr nur der Fortbewegung, der Bestimmung von Nahrung, der Partnerwahl oder der Kommunikation dient, sondern eine menschliche Form bekommt, symbolisch und reflexiv wird. Auf der Suche nach Tätigkeiten, die diese Entwicklung des Bewusstseins möglich gemacht haben, bin ich vom Hunger als einem grundlegenden Bedürfnis ausgegangen und über das Sammeln und die Herstellung von Werkzeugen zum Jagen und Töten mit Waffen gelangt. Diese Art zu töten führt eine Situation vor Augen, die die Reflexivität des Bewusstseins hervorgerufen haben könnte. Zusammen mit dem Interesse, alle Teile der Beute nutzbar zu machen und sie gerecht zu verteilen, erkennen wir eine Konstellation wiederkehrender Probleme und Herausforderungen, die das menschliche Denken, das analytische wie das ethische, hilfreich und vorteilhaft gemacht haben.

Das Töten selbst ist nicht das ethische Problem. Es hat im Hunger einen natürlichen Grund. Viele Tiere töten andere Tiere und haben weder moralische Skrupel noch ein schlechtes

Gewissen. Erst die Verwendung von Waffen und Werkzeugen, das Aufkommen der Technik, bringt eine Dimension in die Welt, die sich als Distanz und Reflexion beschreiben lässt. Menschen können sich beim Akt des Tötens zuschauen, sie sehen ihre eigene Hand, die die Klinge führt, und unterscheiden zwischen dem Handeln und der Beobachtung der eigenen Tat. Mit dieser Konstellation von aktiver Handlung und passiver Beobachtung entspringt eine Form von Bewusstsein, die eine eigenartige Fremdheit mit sich führt. Die Fremdheit ist nicht allein dem Unterschied zwischen Handlung und Zuschauen geschuldet, sondern auch der Situation, in welcher sie zutage tritt: dem Töten. Jäger und Beute sind sich anfänglich ähnlich. Sie erkennen sich in den Anderen wieder und müssen situativ darüber entscheiden, ob man sich als Beute und Jäger begegnet oder ob Kommunikation, Handel und Verhandlung möglich sind. Noch sind alle Grenzen situativ und fluide. Menschen können sich bewusst werden, dass auch sie an der Stelle der Beute oder – wenn sie einen Angriff überlebt haben – an der Stelle der Täter sein könnten. Sie betrachten ihr eigenes Handeln aus der Perspektive anderer, erkennen sich in den Anderen wieder, gewinnen beim Anblick der sterbenden Beute Einsicht in die eigene Endlichkeit und beginnen darüber nachzudenken, wer gegessen und folglich getötet werden darf, und wer nicht.

Die ersten kulinarischen Tabus erwachsen natürlichen Interessen, die auch im Tierreich schon gegeben sind. Der Hunger und die Tatsache, dass man andere Lebewesen in sich aufnehmen muss, um zu überleben, verbinden die Menschen mit den Tieren. Wie bei Tieren gibt es auch bei den Menschen Verabredungen darüber, wer getötet und gefressen werden darf, und wer nicht. Dies stellt nicht infrage, dass die menschliche Art, sich über diese Fragen zu verständigen, von der Art der anderen Tiere unterscheidet. Im Gegenteil ist genau diese Distanz, diese Abgrenzung und Ausgrenzung von den anderen Tieren ein Modus, um die ersten kulinarischen Tabus zu begründen. Man muss davon ausgehen, dass die frühen Jägerinnen und Jäger nicht nur Tiere gejagt, sondern – da stimme ich Ardrey zu – auch andere hominide Populationen. Es gab anfänglich noch keine klare Grenze zwischen Menschen und Tieren. Und keine Grenze zwischen Jagd und Krieg. Man kann davon ausgehen, dass die frühen Menschen sich auch gegenseitig gegessen haben. Ihr Töten muss in einem sehr engen Zusammenhang mit dem Hunger und der Notwendigkeit, sich aus der Welt zu nähren, gestanden haben. Es scheint mir widersinnig, davon auszugehen, dass die frühen *Homo sapiens* die Neandertaler nur aus territorialen Gründen oder zum Spaß getötet hätten. Bis die ersten Tiere einander versicherten, dass sie Menschen seien und sich von den anderen Tieren unterscheiden, muss es sehr lange gedauert haben. Auch als die Differenz zwischen Jäger und Beute nicht mehr situativ auf der Jagd und im Kampf hergestellt, sondern bereits als Unterschied zwischen Mensch und Tier in rituellen Opferhandlungen verstetigt wurde, blieb sie noch fraglich. Freilich haben die Menschen das Prinzip der Artbildung durch Herstellung von Differenz nicht erfunden, es stammt aus der Natur und lautet: Die Eigenen sind tabu, die Anderen dürfen getötet und gefressen werden. Es ist eine quälende Ambivalenz des Lebens: Den Tieren Normalität, wird sie den Menschen zur Tragödie, weil wir Einsicht in die Zusammenhänge gewinnen können. Wir können uns ein Bild von unseren Handlungen machen, über unser Verhalten nachdenken und Entscheidungen treffen. Diese Einsicht in die existenzielle Freiheit der menschlichen Natur ändert alles.

Man gerät hier zwangsläufig ins Bildhafte und Allegorische. Der Blick ins Auge des wehrlosen Tieres, das man töten wird, ist der letzte phänomenologisch beschreibbare Moment. Dann stürzt man in die Unendlichkeit, die Hegel als das Wesen des Selbstbewusstseins beschrieben hat. Hier verliert sich die analytische Spur des menschlichen Bewusstseins. Hier darf ein evolutionärer Anfang des menschlichen Reflexionsvermögens vermutet werden. Beim Töten handelt es sich um eine Handlung, die natürlich und kulturell ist. Sie macht es möglich, die menschliche Kultur in die Natur zurückzuverfolgen, weil wir das Töten mit den Tieren teilen, ihm aber eine menschliche Form gegeben haben. Welche Konsequenzen aus dieser Einsicht zu ziehen sind, ist noch nicht klar. Bisher hat sich nur eröffnet, dass eine natürliche Art des Tötens irgendwann in Kult, Brauchtum und Tradition umgeschlagen ist und dass das ritualisierte Töten Ausdruck menschlicher Lebewesen ist, die bereits Vorformen von Tabus, Anerkennung und Selbstbewusstsein kennen. Bis aus diesem natürlichen Verhalten erste Rituale mit Regeln, verhandelbaren Abläufen, verschiedenen Rollen und Normen wurden, hat es noch lange gedauert. Doch die zwei Millionen Jahre zwischen uns und den ersten Klingen reichen aus, um sich vorzustellen, wie in dieser Zeit kulturelle Bräuche entstehen konnten.

Ich bin wieder am Haus angelangt, gehe auf mein Zimmer und schaue aus dem Fenster. Das Töten bringt mich an eine Grenze, und im Angesicht des Todes werden mehrere Aspekte des menschlichen Bewusstseins greifbar.

Das Sterben der Anderen, der Eltern, der Geschwister und der Kinder macht uns mit der natürlichen Endlichkeit des Lebens vertraut, aber erst das Töten mit Waffen bringt die Idee in dic Welt, dass es auch anders sein könnte. Wenn niemand mehr tötet, müsste niemand mehr gewaltsam sterben. In der spiegelnden Pupille der Beute erkennt man die Angst des Tieres und erblickt sich selbst. Beim Töten spiegelt das Sterben der Opfer den

Täterinnen ihre eigene Endlichkeit. Der Tod macht offenbar, dass man selbst sterben wird. Im Tötungsakt (wie in der Liebe) werden das Eigene und das Fremde für einen zeitlosen Moment identisch. Das Ich kommt im Bezug zu einem Du zu sich selbst.[76] Subjektivität und Alterität werden als Beziehung möglich.[77] Über den Anblick des wehrlosen Tieres und der eigenen zum Töten aufgelegten Gesichtszüge erschrickt man fast zu Tode und bleibt doch am Leben. Das andere Tier stirbt. Ich aber lebe und gehe, von der eigenen Kraft berauscht, gestärkt aus der Situation hervor.

Das Nachdenken über das Jagen und Töten hat mich an eine Grenze des menschlichen Bewusstseins geführt. Diese ist nicht die Materie, sondern der Tod. Das menschliche Selbstbewusstsein wird nicht durch naturwissenschaftliche Verfahren und bunte Animationen des Gehirns einsichtig. In der Auseinandersetzung mit dem Tod kann es hingegen sehr wohl näher bestimmt werden: Das bewusste Leben ist das absolute Gegenteil des Todes. Vom Tod kann man nichts wissen, vom Leben alles. Wo der Tod ist, bin ich nicht. Wo ich bin, ist der Tod nicht.[78]

Gleichwohl ist die Suche nach dem menschlichen Bewusstsein – will man sich nicht auf theologische Dogmen berufen und im Glauben, dass der menschliche Geist von Gott komme, seine Antwort finden – den naturwissenschaftlichen Erkenntnissen verpflichtet. Umso wichtiger ist es, nicht vorschnell zu urteilen und ungeprüft einem reduktiven Naturalismus das Wort zu reden. Diese weit verbreitete Weltanschauung versucht Bewusstsein und Geist auf neuronale Prozess im Gehirn zu reduzieren und meint sogar, dass die menschliche Freiheit nur eine nachträgliche Konstruktion bereits abgelaufener Prozesse sei. Der Fehler des reduktiven Naturalismus liegt darin, dass seinen Untersuchungen ein falscher Begriff von Freiheit zugrunde liegt. Freiheit heißt nicht, in einem Experiment auf die Uhr zu schauen und anzugeben, wann man eine Entscheidung getroffen hat. Niemand leugnet, dass es möglich ist, schon »vor der Entscheidung« neuronale Aktivitäten des Gehirns zu beobachten und mittels bildgebender Verfahren zu visualisieren. Aber im Labor ist der menschlichen Freiheit nicht nahezukommen. Freiheit ist nur in sozialen Beziehungen zwischen Menschen möglich. Sie entsteht in dem Raum, den man sich gegenseitig lässt. Der einfachen Tatsache, dass Freiheit ein soziales Phänomen ist, kann ein reduktiver Ansatz nicht gerecht werden. Man verstehe mich richtig: Dass sich die menschliche Freiheit nicht im MRT zeigt, spricht in keinster Weise gegen naturwissenschaftliche Grundlagenforschung, aber es ist ein großer philosophischer und ethischer Fehler, auf Grundlage naturwissenschaftlicher Untersuchungen die existenzielle Freiheit des Menschen zu leugnen.

Gleichwohl ist unbestritten, dass das menschliche Bewusstsein nicht von außen (von Gott) hinzukommen kann. Es muss, wie alles seit Darwin, in der Natur beheimatet sein. Das »Problem« der reduktiven Naturalisten besteht darin, dass weder Bewusstsein und erst recht nicht der menschliche Geist sich in ihr Bild der Natur einfügen will. Natur soll kausal, gesetzmäßig und ein mechanischer Kampf ums Dasein sein. Das Bewusstsein aber ist widerborstig, ruppig, unruhig, sprunghaft, beweglich, wandelbar und auftrumpfend wie das Leben selbst. Es kann in jedem Tier die Gestalt annehmen, die zu ihm passt, und es lässt sich weder analytisch dingfest machen, noch entsteht es einmal durch Zufall und bleibt dann auf wundersame Weise erhalten. Bewusstsein ist immer schon angelegt und möglich – es ist selbst Natur. Sein Ursprung wird uns – wie der Ursprung des Lebens – immer rätselhaft bleiben.

Man kann lernen, diese offenen Fragen auszuhalten. Und man befindet sich nicht nur in bester Gesellschaft (Sokrates, Kant,

Wittgenstein, um nur einige zu nennen), wenn man die Ursprungsfragen beiseitelässt, sondern kann sich auch auf die Fragen konzentrieren, die zu beantworten sind. In unserem Fall geht es darum, die evolutionären Bedingungen zu erkennen, die dazu geführt haben, dass das menschliche Bewusstsein seine heutige Form bekommen hat. Bisher sind nur die menschlichen Hände, das Lernen, die Werkzeuge, das Schneiden, eine neue Form von Sozialität und das Töten als wesentliche Momente erkannt. Aber von unserer heutigen Welt sind wir immer noch eine Million Jahre entfernt – und draußen beginnt es zu schneien.

Von einem Augenblick auf den nächsten fallen dicke weiße Flocken vom Himmel, und der Schnee bleibt auf den kahlen Zweigen und Ästen der Bäume liegen. Erst einzeln, dann immer dichter, und bald scheint alles in einen kleinen weißen Pelz verpackt. Im Zimmer ist es mollig warm, und ich schaue gedankenlos zu, wie der Schnee die Welt verzaubert. Das Haus ist ganz ruhig.

Nach einer Weile lausche ich nach den anderen, aber ich höre niemanden. Im Kaminzimmer finde ich sie wieder. Sie sitzen beisammen und schmauchen ihre Pfeifchen. Ein Feuer knistert im Kamin, und vor den großen Fenstern schneit und schneit es. Ich setze mich in einen freien Ledersessel. Ein Tee wird gebracht.

Ob ich einen Schluck Cognac im Tee wünsche?

Gerne.

Wir blicken auf das Naturschauspiel. Der erste Schnee im Jahr ist der schönste. Er verschluckt die Welt und mit ihr den Dreck und das Abscheuliche. Für einen Moment scheint es, als ginge es wieder von vorne los, als hätte sich noch nichts ereignet. Nur diese eine weite, weiße Landschaft ohne eine Spur von Leben und Tod. Als wäre alles möglich.

Kochen

Einige Monate später muss ich mich sputen. Am Abend geht mein Nachtzug nach Rom. Ich habe den Winter in der Bibliothek verbracht und alles gelesen, was bei der Frage nach der Entstehung kulinarischer Lebensformen und der Evolution des menschlichen Bewusstseins Aufklärung versprach. Die Wurzeln sind freigelegt: Wahrnehmung, Instinkte und sinnliches Urteilsvermögen müssen nicht weiter erklärt werden. Diese haben die Menschen aus dem Tierreich geerbt. Die Werkzeuge liegen bereit und die Jagd war erfolgreich. Es wurde bereits ein Tier getötet, damit die anderen ihren Hunger stillen und überleben können. Für die ersten Küchen fehlen nur noch die Flammen, die Glut und die Hitze des Feuers. Ich stehe an der Schwelle zur menschlichen Kultur. Ich will nach Rom und von dort in die Sabiner Berge in der Region Lazio. Dort findet ein Frühjahrstreffen von *Slow Food Italia* statt. 1986 haben sich hier einige kulinarische Genießerinnen zusammengetan und eine mittlerweile globale Bewegung ins Leben gerufen. Drei Jahre später wurde in Paris das *Slow Food Manifest* unterschrieben, und nun wird schon seit über 30 Jahren überall auf der Welt die Kunst des langsamen und gemütlichen Genusses zelebriert. Jede Kultur greift von der ursprünglichen Idee auf, was zu ihr passt und ihr gefällt, doch im Hinterland von Rom hat die Sehnsucht nach entschleunigter Kochkunst und langsamem Genuss ihren Ursprung.

Am Bahnhof warte ich am Gleis, bis mein Zug endlich einfährt und zum Stehen kommt. Ich schlängele mich an den anderen Passagieren vorbei, suche meinen Waggon und schlüpfe ins Abteil. Dort klappe ich eine Schlafliege herunter und richte mir ein Bett für die Nacht her. Kurze Zeit später holpert der Zug über grobe Trassen raus aus der Stadt, und schon nach wenigen Minuten fahren wir durch dunkle Landschaften. Ich bin allein in meinem Abteil. Nur das Licht der Notbeleuchtung spiegelt mein Gesicht noch in der Scheibe. Wer bin ich? Was ist der Mensch? Wo kommen wir her? Wie wurden wir zu denen, die wir sind? Ich schließe die Augen, und die rhythmischen Schläge des Zuges wiegen mich in den Schlaf.

Steine fallen herab. Ich kneife die Augen zusammen und schaue genauer hin. Sie fallen aus großer Höhe und liegen nun in Kreisen auf dem sandigen Boden. Ich steige über sie hinweg und erreiche einen Wald.

Aus dem Unterholz kullern Walnüsse wie an einer Perlenkette aufgezogen an mir vorbei. Ich folge ihnen, und es beginnt, in dicken schwarzen Schneeflocken zu schneien. Die Nüsse kommen nur langsam voran, schon sind sie vom schwarzen Schnee bedeckt und sehen aus wie die Wirbel eines vergrabenen Tieres. Überall um mich ist nun schwarzes Land. Ich bücke mich und beginne zu graben. Ein kleines Nest kommt zum Vorschein. Die Zweige sind verkohlt, doch die Struktur ist intakt. In dem Nest liegt ein Ei. Ein Schweißtropfen perlt von meiner Stirn und landet zischend auf der Schale. Es knackt, ein Schnabel bricht hervor, hintendran ein bunter Vogel. Er spannt seine Flügel auf. Ich stolpere zurück, er erhebt sich, ich springe auf, renne ihm hinterher. Er fliegt geradewegs auf den Horizont zu. Als er kleiner wird und ich ihn nicht mehr erkennen kann, stehe ich wieder zwischen den Steinkreisen. In ihnen brennen nun Feuer. Gebückte Gestalten sitzen herum und bewegen sich leise summend vor und zurück. Einige klopfen mit Steinen die schwarzen Nüsse auf. Wind kommt auf, die Flammen lodern empor und verbinden sich zu heißen Feuerböen. Die Gestalten geraten in Bewegung. Manche laufen aufrecht, andere auf allen Vieren. Sie tragen Kinder und vom Rauch geschwärzte Fleischstücke auf den Armen und Schultern. Einige bleiben zurück und schippen Erde, bis die Flammen sie stumm verschlucken.

Ich hetze den Fliehenden hinterher und hole sie an einem Fluss wieder ein. Auf dem reißenden Wasser tanzen Dachse über die Schaumkronen. Sie tauchen ab und wieder auf. Dann gefriert einer nach dem anderen zu Eis und sie zerbersten in tausend kleine Stücke. Die Eiskristalle landen in unserem Fell. Wir geraten stromabwärts in eine Höhle und kauern uns dicht an dicht. Ich bin mitten unter ihnen und höre mein Herz rasen. Als ich endlich ruhiger atme, vernehme ich neuen Lärm. Ernste Stimmen, Türen schlagen. Gezeter. Wer sind Sie? Weisen Sie sich aus! Wo kommen Sie her? Wo wollen Sie hin? Was führen Sie mit sich? Die Zollbeamten drehen ihre Runden. Die Tür geht auf, ein Lichtkegel schwirrt durch den Raum und verschwindet wieder.

Endlich holen mich die ersten Sonnenstrahlen zurück in den Tag, und nach einer Katzenwäsche sitze ich mit einer Tasse Kaffee im Speiseabteil. Die ersten Ausläufer Roms werden schon sichtbar und Max Webers Rede vom Zauberer tritt vor mein taghelles Bewusstsein.

Weber hat sich nicht mit abstrakten Definitionen über den Menschen aufgehalten. Ihm ging es um Inhalte, und er schreibt, dass die Zauberei der älteste aller Berufe sei.[79] Er lässt die Geschichte der Menschen mit den Zauberern beginnen, weil diese uns heutigen Menschen schon sehr ähnlich waren. Die Zauberer konnten schon sprechen, sie hatten eine Vorstellung von der Zukunft, sie suchten nach Ursachen für die Ereignisse, die ihr Leben bestimmten, und sie erzählten bereits Geschichten von Gut und Böse und einem Leben nach dem Tod. Diese Zauberer sind bei Weber die ersten Vertreter einer sozial ausdifferenzierten, menschlichen Gemeinschaft, und die Kunst der Zauberer, das steht nicht bei Weber, aber es ist klar, die Kunst der Zauberer ist die Verwandlung. Wenn Weber von Zauberern spricht, meint er Schamaninnen oder Heiler, die in kleinen Gemeinschaften oder Stämmen leben, und wie alle Köchinnen seit den Zeiten von Gesher Benot Ya'aqov eine unmittelbare Beziehung zum Feuer pflegen. In dem alten Namen Magier klingt diese Verwandtschaft noch an. Das griechische Wort *μάγειρας (mágeiras)* bedeutet Koch, aber auch der Magier ist dort offensichtlich beheimatet.[80] Köche und Köchinnen, wie auch Zauberer und Schamaninnen, verwandeln die Dinge auf magische Art und Weise. Während die Köchinnen die Nahrung auf wundersame Weise vermehren und köstlich machen, beherrschen die Zauberer und die Schamaninnen eine anderer Kunst: Sie verwandeln die Angst in Hoffnung. Es sind zwielichtige Figuren, deren Gesänge vom Fortleben der Tiere und der Menschen in einer anderen Welt erzählen. Es sind die ersten Geschichtenerzähler und sie berichten von einem Leben nach dem Tod. Jeder weiß, dass sie nichts darüber wissen können, aber man will ihnen glauben. Ihr Charisma scheint Zeugnis davon zu geben, dass sie Anteil an einer anderen Welt haben, dass sie über geheimes Wissen verfügen. Sie stiften Hoffnung und nehmen der Einsicht in die eigene Sterblichkeit ihre kalte Endgültigkeit. Sie verkörpern den Unterschied zwischen Diesseits und Jenseits, zwischen Sein und Schein. Mit den Zauberern beginnt bei Weber die menschliche Kultur, weil sie einen Umgang mit dem Bewusstsein der eigenen Endlichkeit stiften.

Der Trickster, ein verwandter Archetyp des Magiers, dem wir in den Schriften des Psychologen C. G. Jung begegnen, stammt ebenfalls aus dieser Phase der menschlichen Entwicklung. Er gilt Jung als »Abbild eines noch in jeder Hinsicht undifferenzierten

Bewusstseins, das einer der tierischen Ebene kaum entwachsenen Psyche entspricht«.[81] Die Trickster sind, wie die ersten Köchinnen, Zwischenform zwischen Tier und Magier, in Vergessenheit geratene Akteure eines kulinarischen Zeitalters. Sie ragen nur undeutlich aus dem Dunkel der ins Unbewusste abgesunkenen Vergangenheit heraus. Den Zauberer hingegen betrachtet Weber als protoindividualistischen, mit symbolischen Formen experimentierenden Vertreter einer aufziehenden menschlichen Kultur. Seine Zauberformeln und der rituelle Umgang mit den Knochen der verspeisten Tiere entlasten die Gemeinschaft vom schlechten Gefühl den getöteten Tieren gegenüber. Er behandelt die nicht verdaubaren Überreste der Beute mit Achtung, weil man sie als ähnlich erkannt hat und das Töten zu einem ethischen Problem geworden ist. Werden die Knochen nur sorgfältig bestattet, so der frühe Glaube und die Lösung für das ethische Dilemma, kann die Seele der Tiere nach dem Tod weiterleben und in neue Lebewesen fahren.[82] Der rituelle Umgang mit den Knochen entlastet nicht nur vom ethischen Problem des Tötens, sondern erklärt auch, warum die getöteten Tiere wiederkommen. Wenn die Knochen beisammenbleiben, kann das Tier in die ewigen Jagdgründe eingehen und es wird sichergestellt, dass es erneut gejagt werden kann. Moralische Entschuldung und praktischer Nutzen sind seit Anbeginn verschwistert.

Weber schreibt nicht, wann die Zauberer und Schamaninnen gelebt haben. In jedem Fall datiert er sie vor der Erfindung der Schrift und am Übergang von nomadischen Lebensformen zur sesshaften Zivilisation. Die Zauberer sind – wie die Köchinnen und die Trickster – Zeugen einer vorgeschichtlichen Epoche, aber Weber denkt in Jahrtausenden. Diese frühen Menschen sind dem tierischen Bewusstsein schon entwachsen, aber wie dies möglich wurde, bleibt auch bei Weber rätselhaft. Während die ältesten schriftlichen Artefakte rund 6000 Jahre alt sind und die ersten sesshaften Zivilisationen auf 13000 Jahre vor unserer Zeit datiert werden, erzählen die Funde in Gesher Benot Ya'aqov von kulinarischen Lebensformen, die schon vor 790000 Jahren Werkzeuge und das Feuer zur Zubereitung ihrer Nahrung nutzten. Der Zeitraum dazwischen ist lang genug, um sich das evolutionäre Werden des menschlichen Bewusstseins vorzustellen. Die Annahme eines kulinarischen Zeitalters macht den Übergang von Natur zur Kultur und die Evolution des anatomisch und geistig modernen Menschen als kontinuierliche Entwicklung einsichtig. Das entscheidende Element ist dabei die Verwandlung.

Verwandlung zeigt sich nicht mehr als Anpassung, sondern wird nun selbst aktiv gestaltet. Das Vermögen, die Welt nach eigenen Vorstellungen zu gestalten, haben die Menschen am Feuer und bei der Zubereitung ihrer Nahrung eingeübt und kontinuierlich weiterentwickelt. Es wurde über einen so langen Zeitraum verfeinert, bis Menschen lernten, das Fleisch ihrer Beute zu räuchern und zu trocknen. Als man gelernt hatte, die Nahrung haltbar zu machen, stellte der Hunger für einen längeren Zeitraum kein Problem mehr dar. Die Tierkörper entspannten sich und im Widerschein der Flammen stellten sich neue Fragen. Fragen nach Geburt, Leben und Tod. In der Auseinandersetzung mit der Geburt und dem Tod bieten die Zauberer Deutungen an. Woher kommen die Seelen? Wohin gehen sie? Diese Übergänge werfen Rätsel auf. Die Verwandlungen, die sich hier ereignen, sind von anderer Qualität als beim Kochen. Gemeinsam ist den Köchen und den Schamaninnen bloß, dass sie einen Umgang mit der Verwandlung finden. Doch die Köchinnen sind älter als die Zauberer, ihre kulinarische Arbeit, ihre Kunst der Verwandlung reicht weiter in der Zeit zurück. Und die Fragen, die sich nun stellen, kommen aus der kulinarischen Praxis, sie entzünden sich an dem ethischen Dilemma, dass einer sterben muss, damit die anderen leben können.

Die kulinarische Lebensform, das Leben und die Arbeit in der Küche, markiert den Übergang vom Reich der Tiere ins Reich der Kultur. In dem Maße, wie die Menschen lernen, ihre Nahrung zu verändern, verwandeln sie auch sich selbst. Die Schamaninnen können erst Gestalt annehmen, wenn Menschen bereits kochen und sich am Feuer die menschliche Nische aufgetan hat, die das Nachdenken darüber, wie die Dinge zusammenhängen, möglich macht. Ihre Auseinandersetzung mit der Wirklichkeit betrifft nicht mehr die Nahrung, sondern den Übergang von Leben und Tod. Sie deuten die Zusammenhänge, geben Erklärungen, warum die Tiere sterben mussten und warum sie wiederkommen, wenn ihre Knochen mit Respekt beerdigt werden. Sie reichern die alte kulinarische Kunst der Verwandlung mit Symbolik, Bedeutung und Erzählungen an und lassen die Menschen endgültig in die heutige Form von Kultur eintreten. Zugleich machen die neuen Zauberer und Schamaninnen den Köchinnen ihren Platz am Feuer streitig. Während die Köchinnen noch als *prima inter pares*, als Erste unter Gleichen, gedacht werden dürfen, beginnt mit den Zauberern das Zeitalter von Individualität, Angeberei, Subjektivität, sozialer Differenzierung und Hierarchie.

Die Zauberer erfinden rituelle Formen und sprachliche Formeln, um mit dem Tod und dem Töten umzugehen, sie verlängern das Leben ins Reich des Todes und fügen dem Diesseits das Jenseits hinzu. Dies wird möglich, weil die Küchen Schutz vor dem Tohuwabohu des Lebens bieten und die kulinarische Lebensform eine soziale und kommunikative Revolution bedeutet. Es tauchen nun Fragen auf, die sich nicht abweisen lassen. In der Geborgenheit der wärmenden Feuer, satt und ohne Angst, beginnen die Kinder ihre Fragen zu stellen, und die Philosophie, die

Musik, die symbolischen Sprachen und die Kultur nehmen ihren unaufhaltsamen Lauf.

Der Zug schlängelt sich durch die Vororte. Die Häuser stehen schon dicht an dicht. Ich sehe einen Römer, der in einem Bademantel gehüllt auf seinem kleinen Balkon eine Zigarette raucht. Das Licht der aufgehenden Sonne verfängt sich kurz in dem Rauch. Dann sind wir an ihm vorbei. Bis ins Zentrum ist es nicht mehr weit.

Die zeitgenössische Philosophie macht um die Entstehung der menschlichen Sprache immer noch ein großes Geheimnis, dabei ist die Sache vielleicht gar nicht so kompliziert. Affen sprechen nicht, Menschen schon. Man muss nur einen sehr langen Zeitraum annehmen, um die Entstehung von Sprachen, wie wir sie heute verwenden, plausibel zu machen, und die kulinarische Lebensform legt die Grundlagen, die für die menschliche Sprache bis heute relevant sind.

Erstens entstehen beim Kochen – in der Küche – geschützte Räume. Das Feuer schützt vor Kälte und Feinden und macht es so möglich, nachts wach zu bleiben. Als die Menschen lernten, das Feuer zu beherrschen, stellten sie ihre eigene Nische her. Zweitens eröffnet die kulinarische Lebensform eine zeitliche Dimension und Erwartbarkeit. Beim Kochen verändern sich die Dinge immer wieder auf die gleiche Art und Weise. Die kulinarischen Abläufe wiederholen sich. Sie sind vorhersehbar. Man lernt die Garzeiten und die Dauer von Prozessen einzuschätzen, um Nahrung so zuzubereiten, dass sie nach dem Kochen mehr Nährwert hat als zuvor. Dieses Warten auf die Speise, diese Bereitschaft, den Hunger zu zügeln, weil man ahnt und später weiß, dass die Nahrung nach dem Kochen besser schmecken wird, darf als evolutionäres Schlupfloch vorgestellt werden, das die Unterscheidung zwischen vorher und nachher, Vergangenheit und Zukunft, möglich gemacht hat. In den Küchen entstehen den Menschen neue Dimensionen von Raum und Zeit. Diese sind, entgegen der Annahme von Immanuel Kant, keine Anschauungsformen *a priori*, sie sind nicht ein für alle Mal gegeben, sondern unterliegen ebenfalls dem ewigen Werden der Natur, von mir aus auch: der Evolution.[83] Drittens lassen sich am Feuer neue Perspektiven einnehmen. Menschen schulen sich beim Kochen fortwährend in der Beobachtung von handwerklichen, physikalischen, chemischen und biologischen Abläufen. Sie lernen die verschiedenen Zustände, roh, gekocht, geräuchert oder gebraten, kennen, und sie entdecken die Potenziale, die in den rohen Dingen schlummern. Man bemerkt, dass die Dinge in verschiedenen Aggregatzuständen unterschiedlich verdaulich sind, dass die Körper verschieden auf sie reagieren, und natürlich fällt es auf, wenn Giftpflanzen in die Nahrung geraten und die Wahrnehmung verändern. In Küchen hält eine Mehrdeutigkeit Einzug ins Leben, die Tiere, die das Feuer nicht beherrschen, nicht kennen. Dinge können jetzt erst so und später anders sein. Menschen lernen, sich vorzustellen, wie etwas sein könnte, und sie lernen, sich über die Wirkungen von Speisen auszutauschen. Menschen lernen, sich gegenseitig zuzuhören und die Perspektiven der anderen einzunehmen. Schließlich und viertens erklärt die kulinarische Lebensform, warum die Sprache ein entscheidender Überlebensvorteil wurde. Wer die Dinge nicht nur benennen kann, sondern auch weiß, wie sie sich im Feuer verändern werden, wer die verschiedenen Zustände des gleichen Gegenstandes vor und nach dem Kochen mit verschiedenen Worten bezeichnen kann, wer weiß, wie sich die Verwandlungen wiederholen lassen, und dieses Wissen sprachlich kommunizieren kann, wird nicht nur für sich und die Seinen sorgen können, sondern ist in der Lage, abstraktes Wissen an die nächste Generation weiterzugeben. Die Sprache dient dem Kochen, das Kochen dient dem Überleben. Die Sprache hilft, satt zu werden. Irgendwann ist sie so weit entwickelt, dass sie auch andere, symbolische Fragen möglich macht. Fragen, die sich aus den kulinarischen Problemen, aus dem Kochen und dem Töten ergeben.

Endlich erreiche ich die Ewige Stadt, Stazione di Roma Termini, Endstation. In Rom überlagern sich die Gegenwart und die Vergangenheit wie in kaum einer anderen europäischen Hauptstadt. Die alten Ruinen liegen mitten in der Stadt. Im Kolosseum wurde in der Antike das Töten als Kunstform zelebriert. Das ist heute undenkbar. Das Töten von Menschen ist jetzt der Inbegriff des moralisch Bösen. Und auch das Töten von Tieren ist tabu. Es wird mit religiösen Opferritualen in Verbindung gebracht, um das Archaische dieses Brauchtums zu markieren und es zu diskreditieren. Zugleich wird das Töten in seiner profanen, am Profit orientierten und industriellen Form beschönigt und von dem kollektiven Bewusstsein der Masse verdrängt. Während das Töten der Tiere in der Fabriken nahezu unsichtbar und lautlos vor sich geht, wird nach wie vor gekocht, gegessen, getrunken und gelacht. Daran hat sich nichts geändert. In den großen Straßen ebenso wie in den kleinen Gassen. Aus den Schriften des römischen Kochs Apicius wissen wir, dass im antiken Rom für viele Speisen *Garum* verwendet wurde, eine Fischsoße, wie sie heute eher mit der asiatischen Küche in Verbindung gebracht wird. Aber wer weiß schon mit Bestimmtheit zu sagen, was die alten Römer gegessen haben? Auf ein überliefertes Kochbuch kommen unendlich viele Speisen, die über die Jahrtausende verzehrt wurden. Über die Götter weiß man mehr. Sie sind beschrieben, besungen und in Stein gehauen, überall schauen sie von Säulen, Torbögen und Brückenpfeilern auf mich herab. Sie zieren

Brunnen und Häuserwände. Manche drücken sich aus uraltem Mauerwerken, ihre Gesichter sind schon halb zerfallen und von Moos überwachsen. Ich sehe Neptun mit seinem Dreizack und Justitia mit Schwert und Waage, die Minerva mit Eule und Helm, den Atlas mit der Kugel auf dem Rücken, Satyrn und andere Fabelwesen. Nur von Prometheus, dem berühmten Titanen, und Vesta, der Göttin des Feuers, fehlt jede Spur. Prometheus hat den Göttern das Feuer gestohlen und den Menschen gebracht. Warum ist er kein Held? Er hat die Menschen erschaffen (aus Asche und Tränen), sie gelehrt, das Feuer zu kontrollieren und die anfängliche Angst vor den Flammen zu überwinden. Der Mythos erzählt davon, dass Prometheus als Strafe für seinen Diebstahl von Zeus an einen Felsen gekettet wurde, wo ihm nun auf alle Ewigkeit ein Adler die Leber aus dem lebendigen Leib frisst. Jede Nacht wächst die Leber nach, und am Tag kommt der Adler wieder. Eine hässliche Strafe.

Wir sind begeistert von Jupiter, Venus und Neptun, aber weder Prometheus noch Vesta oder ihre griechische Schwester Hestia zieren die zentralen Plätze unserer Zivilisation.

Ich setze mich auf ein Mäuerchen und schaue den Römern zu. Sie kurbeln die Markisen herunter und empfangen die ersten Gäste zum *pranzo,* Mittagessen. An einem Brunnen bleibe ich länger stehen, ein alter Mann nähert sich, er will Almosen und ein Gespräch anfangen. Von beidem kann ich ein bisschen geben, dann wendet er sich wieder den Tauben zu, die er mit Maiskörnern aus seiner schmutzigen Jackentasche füttert. Ein Polizist kommt vorbei und scheucht ihn weg.

Wenig später sitze ich im Bus, der mich ins Hinterland von Rom bringt. Am Fuß der Sabiner Berge holt Michele mich ab. Wir haben in Lissabon zusammen Philosophie studiert und er hat mich vor einigen Jahren zum ersten Mal hierher eingeladen.

Er scherzt und lacht, und wie jedes Jahr bin ich glücklich, ihn wiederzusehen. Das Treffen von Slow Food Italia findet auf dem Hof seiner Familie statt. Er fährt wie ein Irrer, aber die Landschaft ist atemberaubend schön, und Paolo Conte singt im Radio.

it's wonderful it's wonderful it's wonderful
good luck my baby
it's wonderful it's wonderful it's wonderful
I dream of you

Die Hügel sind vom jungen Grün gesäumt, die Straßen schlängeln sich durch das italienische Mittelgebirge, und immer, wenn Michele mit seinem Fiat Uno um die engen Kurven schießt, weichen die großen SUVs gerade noch rechtzeitig aus. In der malerischen Berglandschaft stehen prächtige Villen, einfache Höfe und verlassene Ruinen nebeneinander, als reichten sie sich über die Zeiten hinweg ihre Hände.

Hinter einem kleinen Gatter kommen wir auf einem Kiesweg zum Stehen. Donna Lorena erwartet uns bereits. Sie ist das Familienoberhaupt und der Grund, warum hier alles begann. Ihr Gesicht ist faltig, und obwohl ich es noch nie berührt habe, weiß ich, dass die Haut ganz weich sein muss. Sie behauptet, das komme vom Olivenöl und dem guten Essen. Ihre Augen sind hell und aufmerksam. Vor einigen Jahren hat sie mir anvertraut, dass sie nur ein Mal am Meer war, obwohl es nur eine Stunde entfernt liegt. Sie muss nicht verreisen, die Menschen kommen zu ihr. Freunde und Wanderer aus der ganzen Welt versammeln sich Jahr für Jahr auf Donna Lorenas Hof, um gemeinsam zu essen, zu trinken und zu erzählen. Köche, Musikerinnen, Winzer, Artisten, Menschenrechtsanwälte und Poeten, eine bunte Mischung von Menschen, die gerne in geselliger Runde essen und es verstehen, sich zu amüsieren.

Vor einer kleinen Holzhütte, in der ich schlafen werde, stehen Pantoffeln für mich bereit. Drinnen ein Tisch und ein Stuhl aus Holz, ein winziger handgeknüpfter Teppich und ein Bett. Vor der Hütte eine kleine Bank und ein runder Tisch, dessen Platte ein Mosaik ziert. Ich richte mich ein und ruhe mich etwas von der Reise aus.

Als der Nachmittag sich dem Abend zuneigt, laufe ich neugierig Richtung Sonnenuntergang. Wer wird dieses Jahr wieder dabei sein? Von der Terrasse vor dem großen Speiseraum kann man weit in die Berge schauen und der Sonne beim Verschwinden zusehen. Ein, zwei Flaschen italienischen Rotweins sind schon geöffnet und ich mische mich unter alte und neue Gesichter. Ich begrüße Arpad Dobriban, den Gran Señor der kulinarischen Kunst in Deutschland, die Schweizer Künstlerin Sandra Knecht, die sich weit über die Schweiz hinaus mit ihren kulinarischen Interventionen einen Namen gemacht hat, und Martin Kullik von den Steinbeissern, den man wohl als Sperrspitze der veganen Avantgarde bezeichnen kann. Und diese Dame könnte Karin Mecozzi sein, die Autorin wunderbarer Bücher über Kräuter und Heilpflanzen. Man plaudert, lächelt, küsst sich zur Begrüßung und trinkt.

Der Ablauf ist immer gleich. Alle kochen, alle essen, alle erzählen. Gleichzeitig, nebeneinander und tagelang. Eine Geschichte greift in die nächste, die Figuren und die Speisen beziehen sich aufeinander. Sie treten auf, geraten in Vergessenheit und springen an unerwarteten Stellen wieder hervor. Meist sprechen wir Italienisch, Englisch, Portugiesisch, manchmal Deutsch, Französisch, Spanisch, eine Mischung aus diesen Sprachen oder mit Händen und Füßen. Es ist erstaunlich, wie gut man gemeinsam kochen kann, ohne die gleiche Sprache zu beherrschen. Wenn alle im Flow sind, wird die gemeinsame Arbeit zu einem kulinarischen Tanz und geht leicht von der Hand. Im Hintergrund zieht Donna Lorena die unsichtbaren Fäden und gibt Takt und Rhythmus vor. Sie hat im Blick, dass wir uns zum Sonnenuntergang versammeln und dass nach Sonnenuntergang die Antipasti auf den Tischen stehen, das Brot am Kamin geröstet, mit Knoblauch eingerieben, mit Olivenöl beträufelt und gesalzen wird. Beißt man in dieses knusprige und warme Brot, kracht es laut im Mund, aber die Krume ist weich, und Öl, Salz und Knoblauch entfachen ihr aromatisches Feuerwerk. Das Öl schmeckt nach der Erde, in der die alten Olivenbäume wurzeln, und nach dem Wind, der seit Jahrhunderten durch ihre Blätter weht. Der Knoblauch steuert seine würzige Schärfe bei, und das Salz gibt dem Geschmack eine Wucht, die den ganzen Mund ausfüllt. Es gibt etwas an der italienischen Art des Kochens und des gemeinsamen Speisens, das in Deutschland fehlt. Und natürlich ist das nur der Auftakt. *Antipasti, primo piatto, secondo piatto* folgen.

An jedem ersten Abend der Zusammenkunft erzählt die Donna dieselbe Geschichte. Jeder kennt sie. Auch die neuen Gäste, die die Geschichte noch nicht mit eigenen Ohren gehört haben, kennen sie, weil irgendwer sie ihnen schon mal erzählt hat. Aber niemand erzählt sie so wie Donna Lorena. Wir sitzen also beim Hauptgang, sind schon lustig vom Wein und dusselig vor Glück. Dann steht die Donna auf und blickt in einen Haufen seliger Gesichter. Es ist ein Ritual, wir werden zu Kindern und lauschen der Legende von Lam. Die Gläser werden neu befüllt, einer macht noch *scarpetta* mit einem kleinen Stück Brot, um auch das letzte bisschen Soße vom Teller zu schlemmen. Die Donna wartet, bis alle still sind, und beginnt dann zu erzählen.

Es regnete.

Sie spricht in diesem groben Italienisch der Dorfbevölkerung. Ich habe mir die Geschichte schon öfter von verschiedenen italienischen Muttersprachlern übersetzen lassen, und über die Jahre verstehe ich die italienische Sprache ganz passabel, aber immer wieder mischen sich Wörter in ihre Sätze, die ich beim besten Willen nicht verstehe.

Der Regen wurde stärker. Lam, etwas abseits von seiner Gruppe unterwegs, suchte in einem Waldstück Schutz. Bald hatte sich der Regen in einen heftigen Sturm verwandelt. Der Wind fegte durch die Baumkronen und riss so heftig an den großen Ästen, dass Lam Angst bekam und wieder aus dem Wald flüchtete. Er irrte umher, und als der Sturm sich legte, fand Lam sich unter einen einsamen Felsen gekauert. Um ihn bloß weite Ebene. Er sah sich um und rief nach den anderen, aber es kam keine Antwort. Er wartete, rief wieder, aber von seiner Gruppe war niemand mehr zu sehen. So weit seine Augen reichten, war er von Steppe und Horizont umgeben. Er war nun allein.

Ich habe irgendwann aufgegeben, danach zu fragen, wer dieser Lam war oder wann er gelebt haben soll. Entweder will man es mir nicht sagen, weiß es selbst nicht oder, und das scheint mir mittlerweile die wahrscheinlichste Option, man versteht die Dringlichkeit der Frage nicht. Jedenfalls konnte Lam die anderen nicht wiederfinden und irrte ziellos umher. Er durchkämmte kleine Mosaikwälder, durchwanderte weite Steppen und sah manchmal tagelang keinen einzigen Baum. Mit der Zeit wurde es kühler und die Blätter färbten sich bunt. Es hingen nur noch vereinzelte Früchte an den Zweigen, und Tiere, die er hätte jagen können, erspähte er auch keine. Nicht mal einen Kadaver, dem er noch ein paar Knochen hätte brechen können, um an das Mark zu gelangen, fand er. Und um nicht zu verhungern, sammelte er junge Triebe vom Farn, eine spätreife Frucht hier, ein paar Termiten dort. Die Luft wurde kühler, die Tage vergingen, und irgendwann blieb die Nahrung ganz aus.

An dieser Stelle bekreuzigen sich die Tanten von Michele immer. Sie sind stets irgendwo in der Nähe und unterbrechen ihr ständiges Gespräch nur für diese Geschichte. Die Donna habe ich noch nie dabei beobachtet, wie sie sich bekreuzigt hat. Ich kann mir nicht vorstellen, dass sie abergläubisch ist. Sie erzählt mit großer Geste. Die Hände und die Arme sind immer in Bewegung, sie schaut nach rechts, nach links, fixiert mich, als merke sie, dass ich aus der Geschichte falle, und fährt fort.

Der Hunger quälte Lam. Er begann, alles zu betasten und zu probieren, was er in die Finger bekam. Rinde, Würmer und Larven aller Art. Er grub nach Wurzeln, leckte an ihnen und kaute darauf herum. Aber sie waren hart, schmeckten bitter und holzig. Er blieb hungrig und darbte.

Von uns ist keiner mehr hungrig, wir sind schon mit dem Hauptgang fertig und tragen nun ein *Tiramisù alle pesche* auf. Im Kamin brennt ein Feuer, der Raum ist warm und von satter Trunkenheit erfüllt.

Ganz anders geht es unserem Lam. Der Hunger schnitt ihm in die Eingeweide, und nur unter Schmerzen gelang es ihm in dieser Nacht, ein Feuer zu entzünden. Auch die harten Wurzeln warf er in die Flammen, und neben dem Knistern des Feuers war in dieser Nacht nur das mächtige Knurren von Lams Magen zu hören. Er kauerte vor den Flammen und wusste nicht weiter. Was wohl die anderen gerade machten? Er hatte lange nicht mehr an sie gedacht, doch nun sah er Alm vor sich. Einst hatte er mit ihr eine Frucht geteilt. Sie waren zu zweit unterwegs gewesen und hatten einen prächtigen Baum gefunden, der voller reifer Früchte hing. Einige lagen schon auf der Erde. Sie rochen süß und schmeckten anders, nicht ganz gut, aber auch nicht nur schlecht. Das war ein schöner Tag, alles duftete damals in der warmen und trockenen Luft. Lam seufzte ob dieser bittersüßen Erinnerung und schlug die Augen auf. Ein Geruch hatte sich in seinen Nasenflügeln verfangen. Er witterte.

Der Geruch kam aus dem Feuer vor ihm, daran bestand kein Zweifel. Und es duftete.

Cosa fare? Wie drankommen?

Beim ersten Versuch versengte Lam sich sein Fell. Er schrie auf, aber er ließ sich nicht abbringen. Er kroch wieder an die glühenden Kohlen heran und linste in die Flammen. Diese Wurzeln waren schwarz, aber sie waren nicht verbrannt. Er stocherte sie mit einem Stock aus der Glut, jonglierte sie zwischen den Fingern hin und her, von Hand zu Hand, pustete, ließ sie fallen, wartete, hob sie wieder auf. Es dauerte ihm zu lang, aber nach einer Weile hatte er große Teile der schwarz verkohlten Schale abgekratzt und vor ihm lag der Grund des wohligen Duftes. Die Wurzeln hatten ihre holzige Härte verloren. Sie waren weich wie reife Früchte und sie schmeckten köstlich. Eine Wurzel nach der anderen schälte Lam aus ihrer verkohlten Schale und aß sich das erste Mal seit langer Zeit satt. Mit dem Hunger wich auch die Angst, und an diesem Feuer wurde Lam ruhig und zufrieden.

An dieser Stelle setzt immer Applaus ein. Wir beklatschen Lam und seine Entdeckung, dass das Feuer die Wurzeln weich macht. Eine kulinarische Sternstunde der Evolution, derer es von Zeit zu Zeit zu gedenken gilt. Wir prosten uns zu, stoßen auf Lam an und beglückwünschen uns, dass wir als Teil dieser Spezies geboren wurden, die irgendwann das Kochen für sich entdeckte.

In dieser Nacht schlief Lam wie ein Baum, und wäre ein Raubtier in der Nähe gewesen, hätte es leichtes Spiel mit ihm gehabt.

Aber auch das Glück gehört zum menschlichen Dasein, und so schlief Lam in aller Ruhe und wachte am nächsten Morgen gestärkt und mit neuem Mut wieder auf. Er streckte seine Glieder von sich und beschloss, nach den anderen zu suchen. Jeden Abend warf er nun alles ins Feuer, was er finden konnte. Er legte Nester samt Eiern in die Glut, brutzelte tote Tiere am Stock und eine unglückliche Schildkröte in ihrem eigenen Panzer. Einmal warf er heiße Steine in ein Wasserloch und trank langsam vom warmen Wasser. Das schmeckte ihm sehr gut.

Das ist das Stichwort für Espresso und Grappa. Wir wissen, was nun kommt, und können es dennoch kaum erwarten.

Eines Abends entzündete Lam sein Feuer an einem großen Wasser, um einige Wurzeln und Knollen in der Glut zu garen. Überall auf den Felsen lag feiner weißer Staub, das Rauschen der Wellen war zu hören und Lams Blick ging bis zum Horizont. So saß er am Feuer, schaute hierhin, biss in seine Speise, wandte sich dorthin und kaute in aller Ruhe. Die fertig gegarten und geschälten Knollen legte er auf große Blätter, die er einer neuen Gewohnheit folgend von Palmen gezupft hatte. Doch er war unachtsam und eine Knolle rollte in den weißen Sand. Er hob sie auf, pustete, klopfte sie ab und biss hinein. Was war das? Die Welt spielte seinen Sinnen einen Streich. Diese Knolle schmeckte anders als alle Knollen, die er je gekostet hatte. Sie war köstlich.

Er blieb lange an diesem Ort, und es dauerte eine Woche, einen Monat und ein Jahr, bis er begriff. Beinahe geriet ihm seine Gruppe in Vergessenheit. Es rieselte nur ganz langsam in sein Bewusstsein. Doch schließlich füllte er zwei trockene Kalebassen mit dem weißen Zauberstaub und hing sie sich mit einer Ranke aus geflochtenem Efeu um den Hals. Es war nun wirklich an der Zeit, zurückzukehren.

Lachen und Prosten im Speisesaal. Auf Lam, auf Lam.

Er freute sich nun sehr, die anderen wiederzusehen, doch als er von Weitem ihren vertrauten Geruch vernahm, mischte sich etwas Fremdes und Modriges, ein Hauch Leder und Talg bei. Er lief schneller, und als er bei ihnen war, fand er sie in großer Not. Die Haut hing ihnen auf den Knochen, ihre ausdruckslosen Augen erkannten ihn kaum. Sie pulten Larven aus den Rinden der Bäume, doch die Nahrung reichte nicht. Offensichtlich hatten sie sich nie von dem Sturm erholt.

Lam hingegen war kräftig. Er machte ein großes Feuer und ging, um Wurzeln auszugraben. Bald hatte er genügend beisammen und brachte sie zum Feuer, wo sich die anderen bereits versammelt hatten. Zuletzt hatten sie nicht mal mehr ein eigenes Feuer entzündet und wärmten nun dankbar ihre müden Knochen. Als Lam begann, die Knollen zu waschen und in Palmblätter zu wickeln, funkelte Skepsis in ihren Augen. Aber Lam legte die Knollen sorgsam in die Glut und wartete in aller Ruhe, bis sie sich in eine weiche und köstliche Speise verwandelt hatten. Dann hob er sie heraus und legte die gegarten Wurzeln auf frische Blätter. Sie dufteten wie beim ersten Mal. Die Skepsis wich dem Hunger und der Gier. Die Gruppe rückte näher und die Ersten wollten schon nach den Knollen greifen, da gebot Lam ihnen Einhalt. Er griff in seine Kalebassen und streute Salz auf die dampfenden Knollen.

Der Rest ist Geschichte. Sie schlugen sich den Bauch voll und wurden satt und glücklich. Sie tollten im Wonnegefühl des Daseins umher, ihre Knie wurden ihnen erst weich und dann stark. Sie torkelten und tanzten, wohliges Grunzen, Prusten und Heulen. Die Sinne gingen ihnen über und sie feierten das Leben. Einige Wochen später waren sie wieder bei Kräften und Lam war nun ihr Häuptling. Er versammelte drei Frauen und drei Männer um sich, die seine engsten Vertrauten wurden, und sie kochten noch viele Jahre für den ganzen Clan. Sie bekamen Kinder und irgendwann bekamen auch die Kinder eigene Kinder, und mit der Zeit wuchs ein kleiner Stamm heran. Jede Generation unterrichtete die nächste in der kulinarischen Praxis, und als Lam starb, hatte sich die Kochkunst unter den Menschen in nah und fern schon so weit verbreitet, dass sie sich bis heute nicht mehr verloren hat.

Tosender Beifall, lachende Gesichter, Schmunzeln von Ohr zu Ohr. Donna Lorena lächelt.

Ich kenne die Geschichte von Lam seit Jahren, und ich will, dass sie wahr ist. An dieser Stelle schenke ich dem Mythos Gehör. Wie haben Menschen kochen gelernt? Das war mal eine Ausgangsfrage für dieses Buch. Ich wollte eine kleine Abhandlung schreiben, einen Text für alle, die gerne kochen und sich auch schon mal gefragt haben, wann die Menschen wohl damit begonnen haben. Jetzt sitze ich hier im Kreis der besten Köchinnen und herausragender Kulinariker und wir stoßen darauf an, dass wir dem Stamm des Lam entsprungen sind. Ein Teil von mir genießt das. Ein anderer Teil wirft schon wieder Fragen auf. Ich behalte sie für mich, aber sie stehen klar vor meinem inneren Auge: Was ist real? Ist es wirklich so gewesen? Was können wir wissen? Wem schenke ich Gehör? Wann beginnt Kultur? Lam, Adam, Eva, Lucy? Auf welche Tradition berufen wir uns? In welcher Tradition will ich stehen? Wer ist wir?

Nachdem wir Donna Lorena ausführlich gedankt haben, gehe ich nach draußen, lasse mich an einer Feuerschale auf der Terrasse nieder und blicke dem Rauch hinterher, bis er sich im Sternenhimmel verliert.

Am Feuer öffnet sich eine evolutionäre Nische, in der kulinarische Lebensformen entstehen. Ich habe die kulinarischen Meditationen naturalistisch begonnen und bin davon ausgegangen, dass die Beherrschung des Feuers zunächst natürlichen Bedürfnissen diente. Es wärmte, schützte und nährte. Der Hunger und die Nahrungsbeschaffung prägen das Leben der Tiere maßgeblich, und da Menschen selbst mal Tiere waren und hinsichtlich ihres Metabolismus und ihrer biologischen Natur immer noch Tiere sind, können das Kochen und die Küchen als die menschliche Antwort auf den natürlichen Hunger angesehen werden. Soweit der reale Naturalismus.

Als die Menschen anfingen, sich ihre Nahrung in Küchen zuzubereiten, veränderte sich jedoch alles: die Ernährung, das soziale Miteinander, die Beziehung zu den anderen Tieren und die Körper. Es wurde wichtiger, sich dem Leben am Feuer als dem Leben in der Natur anzupassen. Waffen und Werkzeuge gehören jetzt zum Alltag. Niemand kämpft mehr mit den Zähnen. Die Fangzähne verschwinden, die Nahrung wird weicher, die Kiefer schrumpfen, die Gehirne wachsen. Wer schneller denken und besser sprechen kann, hat mehr Chancen im Leben. Am Feuer entstehen von der Umwelt und der grenzenlosen Natur abgetrennte und geschützte Räume, in denen man gemeinsam isst, die Nahrung miteinander teilt und neue Kommunikationsformen erprobt. Wenn die Gruppe bei der Jagd erfolgreich war, werden alle über einen längeren Zeitraum satt. Diese Sattheit führt die Menschen in einen sorgenfreien und mußevollen Raum, in dem man weder auf der Jagd noch auf der Flucht ist. Es ist ein Zwischenraum, eine Nische, in der sich das Leben für eine Weile beruhigt. Der Hunger ist gestillt und die kochenden Menschen sind für eine Zeit vom Druck des Daseins befreit. Dieser

Zwischenraum zwischen Jagen und Fliehen, zwischen Angst und Gewalt macht die Entwicklung von Sprache, Erzählung und Ethik in unserem heutigen Sinne möglich. Es gibt nichts zu tun und Langeweile stellt sich ein. Man hat weder Angst noch Hunger und es entsteht ein Freiraum für Neugier und Spielerei. Auch die Erinnerungen an das zuletzt getötete Tier und die eigene Hand, die den Schnitt an die Kehle setzte, werden hier möglich.

In diesen Urküchen gibt es noch kein fließend Wasser, weder Töpfe noch Tische, aber es sind bereits alle Elemente beisammen, damit aus der Zubereitung von Nahrung Rituale werden können. Während das Kochen der Verwandlung der Nahrung von roh in gegart, hart in weich, von giftig in bekömmlich und von ekelhaft zu lecker dient, geben die Rituale Antworten auf die größte aller Verwandlungen: den Übergang von Leben und Tod. Irgendwann beginnen Menschen nach Deutungen für das Leben und den Tod zu suchen. Das Nachdenken über die eigenen Handlungen und speziell die Auseinandersetzung mit dem Töten markieren eine Grenze. Die ersten Menschen leben nicht mehr zeitvergessen in der Gegenwart, sondern sie erkennen bereits komplexe Zusammenhänge zwischen ihren eigenen Handlungen, dem Töten und dem Überleben. Die kulinarischen Meditationen stehen damit an einem Kipppunkt: Einerseits fressen Affen und andere Tiere sich nicht ständig gegenseitig auf, andererseits ist bekannt, dass Schimpansen kleinere Affen jagen, töten und fressen. Offenbar gibt es bereits im Tierreich bestimmte Formen von Tabus. Allerdings können wir diese nicht nachvollziehen und wenden uns meist vorschnell ab. Verweilt man hingegen einen Moment zu lang bei dieser Tatsache, wird hier eine kommunikative Grenze sichtbar, die wir Menschen gesetzt haben. Unsere Tabus verlaufen genau entlang dieser Verständnisgrenze. Wer sich nicht als sprachfähiges Individuum zeigt, bleibt von der gemeinsamen Verhandlung (und vom Handel) ausgeschlossen. Die Entstehung der menschlichen Art wird erst deutlich, wenn man einsieht, dass sie von der Errichtung einer kommunikative Grenze begleitet wurde. Um zu einer eigenen Art zu werden, mussten die Menschen sich von den anderen Tieren unterscheiden, und die erste, wichtigste und allen anderen Fragen vorangehende Grenze verläuft entlang der Frage nach Leben und Tod. Bist du mein Freund, meine potenzielle Partnerin oder bist du mein Feind? Verschmelzen wir sexuell oder durch Verdauung? Fressen wir dich oder fresst ihr mich?

Die Verwandlungen, die sich hier ereignen, speisen sich aus unendlichen Wiederholungen. Blutiges Fleisch wird knusprig. Giftiges wird bekömmlich. Wurzeln werden weich. Neue Kombinationen von Zutaten bringen neue Geschmäcker und Wirkungen hervor. Sattheit, Rausch und Lust auf gegrilltes Fleisch entstehen und bleiben. Bis heute können Menschen problemlos den Geruch von gebratenem Fleisch identifizieren. Dies ist ein olfaktorischer Beweis, dass das Kochen und Braten zu den Ursiegeln der menschlichen Art gehören. In der nichtmenschlichen Natur kommt der Geschmack von gebratenem Fleisch nicht vor. Man mag sich einen Waldbrand denken, der ein paar unglückliche Erdhörnchen genau so lange gegrillt hat, dass Menschen sie danach als kulinarische Leckerbissen genießen können. Aber die Klarheit und die Deutlichkeit, mit denen Menschen überall auf der Welt den Geruch und den Geschmack von gebratenem Fleisch identifizieren können, ist nur zu erklären, wenn man eine kulinarische Evolution zugrunde legt, die wir durchlaufen haben, um die zu werden, die wir sind. Es ist mehr als Genuss. Es ist eine Erinnerung an die gegrillten Tiere, die wir getötet und gegessen haben, um selbst zu leben, deren Fleisch zu unserem Fleisch wurde.

Neben dem Geruch von gebratenem Fleisch können Menschen nur den Rauch des Feuers und den Gestank der Verwesung klar und deutlich riechen. Diese Signifikanz einiger weniger Gerüche verrät etwas über die alte Herkunft der menschlichen Art aus der Küche. Sie zeugt von der menschlichen Fähigkeit, neue Antworten auf den Hunger zu finden. Menschen geben sich nicht mit dem zufrieden, was sie vorfinden, sondern sie beginnen, ihre Nahrung nach eigenen Vorstellungen zu verändern.

Menschen ernähren sich schon seit Hunderttausenden von Jahren von gebratenem Fleisch, einige schon seit den Zeiten von Gesher Benot Ya'aqov oder sogar länger. Affen essen sehr wenig Fleisch und natürlich essen sie es immer roh. Der besondere Geschmack von gebratenem Fleisch ist eine kulturelle Entdeckung, die so alt ist, dass sie sich unseren Genen eingeschrieben hat.[84] Wie Menschen auf Zucker anspringen, weil er gut schmeckt und den Körper schnell mit neuer Energie versorgt, lodert in den meisten Menschen bis heute die Lust auf gebratenes Fleisch. Während wir die Lust auf reife Früchte oder Honig aus dem Tierreich geerbt haben, stellt sich beim Essen von gegrillten Tieren ein Unterschied zwischen Natur und Kultur ein. Das Erlernte wirkt auf das Angeborene zurück. Kultur, Erfahrung, Mikrobiom und Gene sind hier untrennbar, sogar ununterscheidbar verbunden. Der Geschmack hat sich den leiblichen Bedürfnissen, den Erinnerungen und den Ritualen eingebrannt. Er hat sich bewährt, und in dem Maße, wie das Gebratene ins Leben einzog, haben Menschen begonnen, die Dinge nach ihren eigenen Vorstellungen zu gestalten und zu kontrollieren.

An den Feuern sitzen Lebewesen, die wissen, wie die Dinge sich verändern, wenn man sie über das Feuer hängt. Hier erben die Menschen Prometheus' Gabe, dessen Name sich mit *der Vorausdenkende* übersetzen lässt. Er, der den Menschen das Feuer gebracht hat, hat uns auch mit der Gabe beglückt, in die Zukunft sehen zu können. Dieser Blick in die Zukunft lockert das sinnliche Band und die enge Resonanz mit den Dingen. Ein Spalt, ein Zögern, ein Gedanke erhalten Einzug und schieben sich auf scheinbar magische Weise zwischen unsere Tierkörper und die materielle Wirklichkeit, in die sie eingewoben sind. Der Blick wird frei. Er geht nach innen oder er folgt dem Rauch nach oben, bis sich seine Spur zwischen den Sternen verliert. Ein neues Band wird geknüpft, zwischen der Innenwelt und den dunklen Rändern eines ewigen Außen. Eine Sternstunde, eine Berührung der Ferne, die im Inneren nachhallt.

Ich stehe auf und puste die Ascheschicht fort, die sich über die Glut des Feuers gelegt hat. Die Nacht ist klar, der Mond leuchtet als Sichel über dem italienischen Mittelgebirge. Ich höre die fröhlichen Stimmen, die von drinnen in die laue Frühlingsnacht dringen, aber ich bleibe am Feuer, lege einige Holzscheite nach und blicke wenige Minuten später wieder in das Spiel der Flammen. Ich sehe in die Zukunft und in die Vergangenheit. Ich kann mich an die Speisen erinnern, die wir am Abend gegessen haben, oder auf die Frühstückseier freuen, die ich morgen aus dem Hühnerstall hole. Ich sehe sie schon im sprudelnden Wasser ihre kleinen Tänze aufführen. Ich kann sogar hören, wie das Köcheln der Bialetti anzeigt, dass der Kaffee fertig ist. Ich schaue zurück und überlege, was die Zukunft bringt oder bringen soll; das macht mich menschlich. Und ich bin dazu in der Lage, weil unsere Ahnen die Küchen entdeckt haben. Sie waren und sie sind bis heute Nischen im *struggle for life.*

In dem Maße, wie die Dinge nicht mehr eindeutig sind, sondern verschiedene Aspekte offenbaren und nach den eigenen Vorstellungen gestaltbar werden, treten menschliche Wesen ins Reich der Kultur ein. Um sich über die Möglichkeiten, die das neue kulinarische Wissen offenbart, auszutauschen und es an die nächste Generation weiterzugeben, entwickeln die frühen Menschen neue kommunikative Formen, eine Sprache, die mehr kann, als den Dingen bloß Namen zu geben und in Worten auf sie zu zeigen. Im Laufe der Zeit entstehen grammatische und syntaktische Strukturen, die die Bildung komplexer Sätze ermöglichen. Dabei liegt es auf der Hand, dass die Entwicklung von Sprache nur als Beziehung zwischen Menschen möglich ist. Ein einzelner Mensch kann unmöglich mit dem Sprechen begonnen haben. Das evolutionäre Aufkommen von Sprache ist nur als Dialog denkbar. Das Ich ist immer an ein Du gebunden. Der Einzelne steht nicht am Anfang der menschlichen Entwicklung, sondern am Ende. Dass ich hier sitze und denke, ist nur möglich, weil ich Teil einer sprachlich verfassten Lebensform bin. Die Sprache, die ich zum Denken verwende, mag zeitgemäß sein, aber ihre Struktur entwickelt sich seit Hunderttausenden von Jahren. Die Entwicklungsschritte mögen als evolutionäre Prozesse zu langsam und unordentlich abgelaufen sein, um sie im Detail nachzuvollziehen. Gleichzeitig wiederholen sie sich – vom bloßen Herumzeigen über das Benennen der Dinge bis zum Gebrauch von komplexen Sätzen und Grammatiken – in jedem Kleinkind, das Sprechen lernt. Man kann sich ausmalen, dass Sprache besonders nützlich war, um über Sammelgründe oder die Jagd zu sprechen. Bloß bleibt es nie beim Gespräch über die Frage, wie wir satt werden. Mit den Fragen beginnt der Austausch über die Wirkungen der Speisen auf die Körper, es entstehen Speisegebote und die Verhandlung über die Verteilung der Beute. Wer über das Essen spricht, redet bereits von sozialen Beziehungen, ist bereits ein Mensch.

In Gesher Benot Ya'aqov und an Orten, an denen weder menschliche Knochen noch irgendwelche andere Spuren zurückgelassen wurden, werden das Angenehme und der gute Geschmack zum Thema des gemeinsamen Gesprächs. In dem Maße, wie die Dinge an Eindeutigkeit verlieren und man nicht mehr nur in leiblicher Resonanz mit der Welt lebt, treten Menschen in kommunikative Prozesse ein, um sich über die Mehrdeutigkeit und die Potenziale der Dinge auszutauschen. Während die Tiere je für sich wissen, was angenehm und nützlich ist, beginnt in den kulinarischen Gemeinschaften ein Gespräch darüber, was *für alle* lecker, nahrhaft und wohltuend ist.

Was heute normal erscheint – Sprache, wissenschaftliches Denken, Rationalität, kulturelles Gedächtnis, die Vorstellung einer Zukunft, und Moralität –, entsteht damals erst. Auch das Wissen um die Sterblichkeit des Einzelnen und in der Folge die Vorstellung von einer Welt nach dem Tod stammen aus dieser vorgeschichtlichen Zeit. Bloß können wir das nicht mehr erinnern und müssen das Feld des Wissens um erzählende Elemente erweitern, um uns diesen Fragen anzunähern. Es ist wie mit Kindern, die sprechen lernen. Sobald man sprechen kann, verschwinden die Erinnerungen an das vorsprachliche Erleben. Die Erfahrungen, die wir als Säugling gemacht haben, sind aus der Perspektive des sprachlich und kulturell voll entwickelten Bewusstseins ebenso wenig erinnerbar wie die Erfahrungen, die wir als Tiere gemacht haben. Sie scheinen für die Gegenwart ohne Relevanz und sind ins Dunkel des Unbewussten hinabgesunken. Gleichwohl wissen wir, dass sie nicht verloren sind. Die Übergänge vom Fressen-und-gefressen-Werden der tierischen Natur ins kulturelle Feld der Hominiden sind nie abgeschlossen, sondern müssen immer neu verhandelt werden. Wer dazugehört, wer Teil der Gruppe ist und wer ausgeschlossen bleibt, sind die grundlegenden moralischen Fragen. Sie stellen sich immer wieder neu, und der Ort, an dem sie zum ersten Mal virulent wurden und bis heute verhandelt werden, ist das Feuer, die Küche, der Tisch.

Die Küche ist ein fantastischer Ort. Ein Ort der Träumerei, der Musik und des Genusses. Eine Werkstatt, eine Bühne, Tribunal, Tempel, Parlament. Alles nimmt hier seinen Anfang. Die Flammen erhellen die Nacht. Sehnsucht, Liebe und Hass entstehen, und eine neue Art beginnt sich selbst in Augenschein zu nehmen. Wie viele Menschen saßen schon am Feuer und haben sich den Kopf über ihre Existenz und das Leben zerbrochen? Wie viele Antworten sind schon gefunden, wie viele Geschichten schon erzählt, wie viele Lieder schon gesungen worden? Man muss sich diese Unendlichkeit zu vergegenwärtigen versuchen, um den Reichtum und die Vielfalt der menschlichen Lebensformen zu ermessen. Sowohl die reiche Unendlichkeit, der wir entstammen, als auch die, die noch vor uns liegt.

Langsam.

Seit Gesher Benot Ya'aqov sind fast 800 000 Jahre vergangen. Wann unsere Tierkörper sich so weit gewandelt hatten, dass es dem menschlichen Bewusstsein möglich wurde, eine fiktionale, reflexive und transzendente Dimension des Daseins zu eröffnen, ist nicht zu datieren. Wann zum ersten Mal über die eigene Endlichkeit nachgedacht werden konnte, kann man nicht wissen. Selbst wenn wir dem engen Korsett der Arten folgen und das Aufkommen von Lebewesen, die zu symbolischen und reflexiven Gedanken in der Lage sind, an den *Homo sapiens* knüpfen und diesen erst vor gut 40 000 Jahren entstehen lassen, blicken wir in eine Unendlichkeit an Kulturen, Liedern und Vorstellungsräumen, die seitdem entstanden und wieder vergangen sind. Es ist diese kulturelle Unendlichkeit, die – dem Evolutionsbruch und dem Verlust der Biodiversität zum Trotz – Gelassenheit anmahnt.

Das Feuer ist runtergebrannt. Ich schaue noch einige Minuten in das sachte Pulsieren der Glut. Dann spaziere ich durch die alten Pinien zu meiner Hütte. Ich wasche mir das Gesicht und betrachte mich in dem runden Spiegel, der über dem Waschbecken hängt. Ein Ich unter vielen. Unzählige waren vor mir, Unzählige werden folgen. Ein zufälliges Glied in einer Kette. Durch Einsicht in die eigene Verfasstheit frei.

Sprechen

Am nächsten Morgen treffe ich Michele wieder. Wir sind noch verschlafen, aber er fragt mich, was ich denke. Es ist eine Begrüßungsformel, die wir uns als Studenten ausgedacht haben. Ein philosophischer Scherz. Nicht: »Wie geht es dir?« Sondern: »Was denkst du?« Philosophie, Wahrheit, Liebe. Wir machen da keine Unterschiede, und da wir uns lange nicht gesehen haben, berichte ich ihm von meiner Suche nach der Stellung der Menschen in der Natur. Ich merke, dass er lieber von einem Liebesabenteuer hören würde, aber während wir Kaffee kochen und das Frühstück vorbereiten, erzähle ich ihm, wie ich bei meiner Suche nach der Herkunft des menschlichen Bewusstseins immer wieder in der Küche gelandet bin und warum ich denke, dass eine kulinarische Lebensform am Übergang von Natur zur Kultur die Entwicklung der menschlichen Sprache erklären kann.

Da Michele und ich Naturalisten sind, unser Denken also im Einklang mit den naturwissenschaftlichen Tatsachen steht, schicke ich vorweg, dass naturwissenschaftliche Methoden bei der Suche nach der Entstehung der menschlichen Sprache kaum weiterhelfen. Er will es genauer wissen, und ich berichte, was ich herausgefunden habe.

Während Schädel und besonders Zähne gut fossilisieren, kann man das von dem Zungenbein, dem einzigen knöchernen Zeugen der Sprache, nicht behaupten. Dieser kleine Knochen im Hals könnte theoretisch helfen, das Alter der menschlichen Sprache empirisch zu bestimmen. Er hat im Laufe der menschlichen Evolution seine Form und seine Lage leicht verändert, und wenn man diese Veränderung anhand von ausreichenden Funden nachvollziehen könnte, wäre es möglich, zu bestimmen, seit wann Menschen die körperlichen Voraussetzungen haben, um zu sprechen. Die Zunge, die Lippen oder die Stimmbänder bestehen aus weichem Gewebe und fossilisieren nicht. Sie helfen nicht weiter. Es gibt jedoch in der ohnehin spärlichen Sammlung prähistorischer menschlicher Knochen nur zwei oder drei Zungenbeine, und man müsste Tausende finden, um die Entwicklung des menschlichen Sprachvermögens genauer zu datieren. Da die Funde fossilisierter und real existierender menschlicher Knochen aus der Zeit der frühen hominiden Entwicklung zudem selten sind, kann man ausschließen, dass sich jemals empirisch bestimmen lässt, wann sich der Kehlkopf so weit senkte, dass es möglich wurde, eine immer größere Vielfalt von Lauten zu erzeugen. Ich sehe Michele seine Zweifel an, aber er unterbricht das Denken nicht mit einem Hinweis auf FOXP2, das sogenannte Sprachgen[85], und lauscht weiter meinen Ausführungen.

Obgleich die Entwicklungen der körperlichen Bedingungen, die die menschliche Sprache möglich gemacht haben, nicht zu datieren sind, ist der Vergleich zwischen den anatomisch modernen Menschen und anderen heute noch lebenden Menschenaffen interessant. Um sprechen zu lernen, nahmen die *Homo sapiens* offenbar in Kauf, nicht mehr gleichzeitig schlucken und atmen zu können.[86] Für Menschen war es vorteilhafter, sprechen zu lernen, als gleichzeitig zu schlucken und zu atmen. Dies scheint auf den ersten Blick ein fraglicher Tausch und ein Nebenschauplatz der Evolution zu sein. Bedenkt man jedoch, dass die menschliche Art sich nicht an eine wilde Natur angepasst hat, sondern an geschützten Orten rund ums Feuer entstanden ist, leuchtet diese körperliche Veränderung ein. Wer nicht mehr, wie die Menschenaffen, vier Stunden am Tag Rohkost kauen und schlucken muss, sondern weiche und nahrhafte Speisen zu sich nimmt und nur noch einige Minuten dazu braucht, kann ruhig mal die Luft anhalten. Zudem ist die Gefahr, im Schutz des Feuers beim Essen und Trinken gestört zu werden, gering. Bald sind nicht mehr die Hominiden und Hominidinnen mit den starken Kaumuskeln sexy und begehrt, sondern jene, die bessere Geschichten erzählen können. Die kleinen und zufälligen Veränderungen in der Stellung des Kehlkopfes, die die Entwicklung des Sprachvermögens begünstigten, erwiesen sich als vorteilhaft und erhielten sich. Die Nahrung wurde weicher, der Kauapparat entspannte sich, und auch Mund, Lippen und Zunge waren nicht mehr ständig mit Abbeißen und Schlucken beschäftigt. Die Menschen reicherten das Prusten, Grunzen, Gurren und Surren ihrer Ahnen um neue Ausdrücke an, und die Entwicklung nuancierter und komplexer Sprachen war nicht mehr aufzuhalten. Der Mund wird zum heiligen Tor. Als Eingang für die Nahrung haben wir ihn aus dem Tierreich geerbt. Als Ausgang für die Worte, Lieder und Erzählungen ist er eine menschliche Erfindung. Es wurde möglich, die Dinge vor und nach dem Kochen zu benennen, sich über die Wirkungen der Speisen auf die Körper auszutauschen, und irgendwann konnte man sich auch über komplexe Sachverhalte verständigen, gemeinsam nachdenken, Melodien summen, Geschichten erzählen und Lieder singen.

Ich weiß, dass die zeitgenössische Philosophie, wie sie diesseits und jenseits des Atlantiks von und in Anschluss an Philosophen wie Ernst Tugendhat oder Philip Pettit verkörpert wird, an dieser Stelle gerne eine Unterscheidung zwischen einer natürlichen und einer »präpositionalen«[87] oder symbolischen Sprache anführt.[88] Dies erlaubt es, an der klassischen Unterscheidung zwischen Tieren und Menschen festzuhalten, weil die natürliche Sprache noch im Tierreich verortet wird. Wie es zu dem Übergang von natürlichen zu symbolischen Sprachen gekommen sein soll, wissen sie dann entweder nicht zu sagen (Tugendhat[89]), oder sie behandeln die Sprache als Phänomen, das mit der Beziehung zwischen Menschen und Tieren nichts zu tun hat und nur zwischen Menschen sichtbar wird (Pettit). In beiden Fällen bleibt die Entstehung einer menschlichen Sprache geheimnisvoll. Dabei ist klar, dass die menschliche Sprache als fortwährende Überlieferung von Generation zu Generation weitergegeben werden musste, um sich zu erhalten und zu entwickeln. Für diese Entwicklung bedurfte es sozialer Räume, die die Sprache vorteilhaft machten und sprachfähige Individuen begünstigten. Einen Ort des Lernens und des Gespräches: die Küche.

Michele reicht mir die Teller und ich beginne den Tisch zu decken. Ich stelle Marmelade und Butter bereit. Michele toastet Brot, und als die Eier nach fünfeinhalb Minuten wachsweich gekocht sind, legt er sie behutsam in einen Korb und deckt sie mit einem Tuch zu. Dann setzen wir uns mit zwei dampfenden Kaffeetassen vor das Haus. Im Gegensatz zu mir ist Michele der akademischen Philosophie treu geblieben und ein ordentlicher Professor für Philosophie geworden. Er unterrichtet jetzt selbst Studenten und Studentinnen, und obwohl es noch früh am Morgen ist, hat er genau zugehört und weiß mir zu antworten.

Aus Sicht der philosophischen Anthropologie sind deine Ideen zur Küche als Ausgangspunkt von Kultur kaum einzuordnen. Seit Aristoteles sind sich die Philosophen im Grunde einig, dass die Menschen besondere Tiere sind, weil sie über eine symbolische Sprache verfügen.[90] Er hat bereits in der Antike festgestellt, dass die menschliche Sprache sich von den Kommunikationsformen der Tiere dahingehend unterscheidet, dass wir nicht bloß in Lauten, sondern in ganzen Sätzen miteinander kommunizieren und in der Lage sind, auch Sinn, Bedeutung und abstrakte Ideen zu vermitteln. Er nennt diese besondere Beschaffenheit der menschlichen Sprache »prädikativ« und meint damit, dass wir über Dinge reden können, die nicht zugegen sind.[91] Wir können nicht nur darüber reden, was uns in einer bestimmten Situation unmittelbar betrifft, zum Beispiel ob uns etwas gut schmeckt und angenehm ist, sondern auch über Dinge, die nicht gegenwärtig sind, die an einem anderen Ort oder in der Zukunft stattfinden. Man kann beispielsweise über Früchte reden, die am Ende des Tals gerade reif sind oder bald reif sein werden. Diese Fähigkeit, über Dinge zu reden, die man beim Sprechen nicht mit seinen eigenen Sinnen wahrnimmt, sondern als allgemeine Begriffe und abstrakte Ideen im Kopf hat, ist der Ausgangspunkt seiner Überlegung zu der besonderen Qualität der menschlichen Sprache. Während Tiere bloß zwischen bekömmlich oder giftig, Gefahr oder Beute, Freund oder Feind unterscheiden, wird es den Menschen durch die Sprache möglich, die Dinge genauer zu betrachten. Wir einigen uns auf allgemeine Begriffe, die individuelle Sinneseindrücke und innere Erlebnisse kommunizierbar und vergleichbar machen. Die menschliche Sprache dient dazu, differenziert miteinander über individuelle sinnliche Wahrnehmungen zu sprechen, und wir können miteinander über unsere Ansichten ins Gespräch kommen und den anderen erläutern, warum wir etwas gut oder schlecht finden. Wir können uns über die Gründe für die eine oder gegen die andere Position austauschen. Wenn wir mit den anderen im Gespräch sind, ist es nur noch ein kleiner Schritt, um von dem, was für uns selbst angenehm ist, zu abstrahieren und uns vorzustellen, wie sich das eigene Interesse zum Interesse der anderen verhält. Dies ist die Voraussetzung, um sich auch über allgemeine Themen, wie das Zusammenleben innerhalb der menschlichen Gemeinschaft, zu verständigen. Es wird zur Grundlage, um zu fragen, was sich *für alle* als gut erweisen könnte. Diese Fragen werden dann – philosophisch gesprochen – als Fragen nach dem Guten oder der Gerechtigkeit bezeichnet, und sie sind im Verständnis von Aristoteles und der philosophischen Klassik die Grundlage, um von moralischen Lebensformen zu sprechen.

Michele ist jetzt ganz in seinem Element und ich bin es, der ihm zuhört.

Im gemeinsamen Gespräch entsteht eine Multiperspektivität. Es wird möglich, sich in die Perspektive der anderen hineinzuversetzen, weil wir mittels der Sprache von unserer eigenen Position Abstand nehmen können. Damit entsteht die Möglichkeit, die Perspektive des Anderen einzunehmen und sich als den Anderen ähnlich zu erkennen. Dieser Perspektivwechsel ist für die Menschen von größter Bedeutung. Einer der großen Vordenker der bürgerlichen Welt, Georg Wilhelm Friedrich Hegel, baut seine ganze Theorie darauf auf. Wir nennen es ›das Prinzip der gegenseitigen Anerkennung‹ und meinen, dass Menschen darauf angewiesen sind, von den anderen als Menschen anerkannt zu werden. Die miteinander verschränkten sozialen Beziehungen und Anerkennungsverhältnisse zwischen den Individuen bilden das soziale Gewebe und die Grundlage der menschlichen Welt. Auch der Anthropologe Tomasello hat in den letzten Jahrzehnten immer wieder betont, dass die Bezugnahme auf die Position der Anderen für die Entstehung der menschlichen Lebensform zentral war, weil sie eine besondere Form von Kooperation möglich macht.[92] Es ist dieses Vermögen der Menschen, sich gemeinsam über ihr soziales Leben zu verständigen, das Menschen miteinander verbindet und von den Tieren unterscheidet. Mit Tieren können wir keine gegenseitigen Anerkennungsbeziehungen eingehen, weil wir mit ihnen keine gemeinsame Sprache teilen. Deshalb werden die menschliche Sprache und die menschliche Moral immer zusammen gedacht. Ohne eine gemeinsame symbolische und abstrakte Sprache kann es kein gemeinsames Nachdenken über das gute und richtige Zusammenleben geben. Und ohne das gemeinsame Aushandeln von Richtig und Falsch, von Geboten, Verboten und normativen Ordnungen kann man nicht von Moral sprechen.

Ich nicke, um zu signalisieren, dass ich Michele folgen kann, aber ich bin noch nicht zufrieden. Bisher hat Michele nur über die Funktion und die Bedeutung gesprochen, aber nichts über die Herkunft und die Entstehung der menschlichen Sprache gesagt. Als ob er meine Gedanken lesen könnte, fährt er fort.

Wie die besondere menschliche Sprache und mit ihr die menschliche Moralität allerdings entstanden sind, wissen weder Aristoteles noch Tugendhat oder Tomasello zu sagen. Während Aristoteles noch eine Nähe der Menschen zur Sphäre des Göttlichen annehmen konnte und sich ihm die Frage nach der Entstehung der menschlichen Sprache nicht im gleichen Sinne stellte wie uns, können die zeitgenössischen Philosophen und Philosophinnen die besondere Qualität der menschlichen Sprache nicht einfach als gegeben annehmen. Wer nach Darwin denkt, muss eine natürliche Ursache für die Entstehung der menschlichen Art und die Entstehung der menschlichen Sprache finden. Während Tomasello die Entstehung der Sprache an eine genetische Mutation knüpft,[93] sind sich Pettit und Tugendhat einig, dass Menschen anfänglich eine natürliche Sprache entwickelt haben, die noch keine moralischen Qualitäten hatte, sondern bloß natürlichen Bedürfnissen galt. Eine Sprache also, die das tierische Verhalten mit Worten anreichert, aber noch nicht dazu dient, Gebote zu formulieren oder miteinander auszuhandeln, wie man leben will. Tugendhat stellt sich die Anfänge der Sprache als Herumzeigen in einem Zimmer vor.[94] Wie bei Kleinkindern nimmt er an, dass den frühen Menschen das ganze Leben noch instinktiv und gegenwärtig ist. Es gibt weder Zukunft noch Vergangenheit, weder abstrakte Begriffe noch Ideen von Gut und Böse. Wie die Sprache ihre besondere menschliche Qualität, ihren »präpositionalen« Charakter, wie er es nennt, bekommt, weiß Tugendhat nicht zu sagen. Dabei beruft er sich auf niemand Geringeren als Immanuel Kant. Der konnte ebenfalls nicht erklären, warum es den Unterschied zwischen Menschen und Tieren gibt.[95] Tugendhat zuckt also in kantischer Tradition mit den Schultern[96] und bescheidet sich mit einer Philosophie, die sich der menschlichen Sprache, der Analyse der Begriffe und der Frage, was es heißt, dass wir uns als Menschen selbst verstehen können, widmet.

Pettit nimmt die Herausforderung an und versucht die Entstehung einer symbolischen Sprache und der menschlichen Moral systematisch herzuleiten. In seinem Buch *The Birth of Ethics* beginnt er seine Überlegungen an einem Ort, den er Erewhon nennt. Den Ort gibt es allerdings nicht. Er ist ein Anagramm von *Nowhere* und bloß ein hypothetischer Ausgangspunkt für seine Gedankenspiele. Die Bewohner von Erewhon leben in seiner Erzählung vor über 300 000 Jahren und verfügen bereits über eine ›natürliche‹ Sprache, die dazu dient, sich über die Reife von Früchten oder über praktische Fragen wie den Bau eines Staudamms zu verständigen.[97] Er nimmt an, dass hominide Arten bereits in der Lage waren, eine Sprache zu sprechen, die es ermöglichte, die gemeinsame Jagd zu planen oder Sammelgründe zu lokalisieren, und stellt sich diese Sprache als Ergebnis einer natürlichen Evolution vor. Die Sprache wird in Pettits Lesart dann so komplex, dass es möglich wird, sich gegenseitig Versprechungen zu machen und einander zu verpflichten. Gleichzeitig entwickelt sich Subjektivität, man begegnet sich nun von Person zu Person, und damit sind alle Elemente vorhanden, die schon Aristoteles im Blick hatte, als er den Logos und die Möglichkeit, sich über die Gründe des eigenen Handelns zu verständigen, als

Merkmal der Menschen herausstellte und sie damit als vernünftige Wesen ins Reich der Moral eintreten ließ.

Michele schaut mich mit seinen großen, klugen Augen an und es blitzt diese seltene Mischung aus Angeberei und Offenheit hervor, in die ich mich schon in Lissabon verliebt habe und die uns zu Freunden gemacht hat. Ich habe genau zugehört und auch ich habe die Bücher dieser Leute studiert, aber er will noch was anschließen und ich halte meine Antwort zurück.

Soweit ich sehe, haben weder Aristoteles noch Tugendhat oder Pettit die Küche als Ort betrachtet, der die Entwicklung einer natürlichen Sprache möglich gemacht hat, geschweige denn, dass sie von einer kulinarischen Lebensform als Voraussetzung ausgegangen sind, die die Menschen mit ethischen Fragen konfrontierte. Es stellt sich also die Frage, ob du die Bedeutung der Küche überschätzt oder ob die anthropologische Tradition hier wirklich etwas übersehen hat.

Ich warte noch einen Moment, und als ich sicher bin, dass er fertig ist, beginne ich meine Rede. Schau Michele, setze ich an. Wer bin ich, dass ich behaupten könnte, die akademische Philosophie rede einer überholten Differenz zwischen Menschen und Tieren das Wort, um weiterhin die menschliche Herrschaft über die Natur zu legitimieren?

Ich wollte bloß herausfinden, seit wann Menschen kochen und mit welcher Begründung man Tiere töten darf, und jetzt sagst du mir, dass der Unterschied zwischen Menschen und Tieren in der Sprache begründet liegt, weil die Sprache es den Menschen ermöglicht, sich in die Position der Anderen hineinzuversetzen und miteinander ins Gespräch zu kommen. Im gleichen Atemzug fügst du hinzu, dass kein kanonisch gewordener Philosoph und keine Philosophin eine gute Erklärung für das menschliche Sprachvermögen gefunden haben und man sich der Frage entweder enthält oder auf naturwissenschaftliche Erklärungen zurückfällt. Nur Pettit hat in letzter Zeit versucht, die Entwicklung von Sprache und Ethik zu erklären. Aber auch er setzt die Differenz zwischen Menschen und Tieren, die er eigentlich erklären will, schon voraus. Bei ihm ist immer schon klar, wer überhaupt mit wem redet. Dass der Übergang langsam und zäh war, übersieht er – anders ist auch der Titel seines Buches *The Birth of Ethics* nicht zu erklären. Er schreibt von einer Geburt, einem Ereignis. Ich finde zwar auch, dass die Natalität des Menschen wieder mehr in den Fokus muss, aber nur auf die Geburt zu schauen ist irgendwie eine alte (männliche) Perspektive. Ich nehme die Schwangerschaft mit in den Blick. Ich stelle mir vor, dass die Natur mit dem Menschen schwanger war, und beim Nachdenken über diese lange Zeit der Schwangerschaft bin ich auf eine Grabungsstätte namens Gesher Benot Ya'aqov gestoßen. Die dort entdeckten Artefakte zeugen davon, dass es schon vor 790 000 Jahren kulinarische Lebensformen auf der Erde gab, und die Vorstellung, dass dort bereits Menschen ums Feuer versammelt saßen, kochten und warteten, bis das Essen fertig wurde, gibt uns ein Bild davon, wie Sprache entstehen konnte und warum sie ein Überlebensvorteil war. Der Hunger, der diese frühen Menschen angetrieben hat, muss nicht weiter erläutert werden. Er liegt in unserer Natur und verbindet Menschen und Tiere. Auch das Sammeln und das Jagen sind Formen der Nahrungsbeschaffung, die wir mit den Tiere teilen und keiner weiteren Erläuterung bedürfen. Man darf annehmen, dass sich den ersten Menschen hinsichtlich ihrer Ernährung die gleichen Fragen stellten wie ihren animalischen Ahnen: Wie werden wir satt? Was ist angenehm? Was schmeckt gut? Was ernährt uns am besten? Was ist giftig? Im Lichte des Feuers und beim Versuch, die Nahrung am Feuer möglichst nicht zu verbrennen und schmackhaft werden zu lassen, haben die frühen Menschen ihre sprachlichen Fähigkeiten entwickelt. Man sitzt um das Feuer herum und sucht nach Gründen, warum sich ein Ding auf eine bestimme Art verändert hat. Plötzlich verursacht der Pilz keine Bauchschmerzen mehr, sondern schmeckt gut und ist leicht verdaulich. Das Fleisch, das über dem Feuer geröstet wurde, ist nicht mehr blutig, sondern knusprig und lecker. Anders gesagt: Die Dinge verlieren am Feuer ihre Eindeutigkeit, und um diese neue Mehrdeutigkeit, um die Verwandlungspotenziale, die das Feuer ins Leben bringt, zu benennen, sich darüber auszutauschen und das gewonnene Wissen an die nächste Generation weiterzugeben, eignet sich die Sprache auf hervorragende Art und Weise. Über die Zeit schleichen sich immer mehr Begriffe und sprachliche Konstellationen ein.

Sicher bedürfte es einer großen gemeinsamen Anstrengung von Philosophinnen, Anthropologen, Biologinnen, Linguisten und Köchinnen, um die Entstehung der Sprache als *Modus Operandi* einer kulinarischen Lebensform weiter zu entschlüsseln, aber die grundlegende Struktur scheint mir klar: Menschen reden einfach gerne über ihr Essen. Und wo sie das machen, brauche ich doch nicht zu erklären: Genau, in der Küche!

Michele zieht die Augenbrauen hoch und antwortet gegen seine Gewohnheit eher zögerlich.

Deine Idee mit der Küche als sozialem Ort, der kulturbildend ist und die Sprache vorteilhaft gemacht hat, ist eine hübsche Idee. Freilich lässt sich nichts davon beweisen, aber eine gewisse Plausibilität ist der Sache nicht abzusprechen. Ich denke jedoch, dass es gute Gründe gibt, davon auszugehen, dass es für die Menschen immer wichtiger war, über die anderen Menschen zu sprechen als über ihre Nahrung. Menschen sind gesellige Lebewesen, und nichts interessiert sie mehr als die anderen

Menschen. Menschen lieben es einfach, über andere Menschen zu reden. Sie tratschen und bewundern, sie lästern und verehren, sie lieben und verachten.

Ich kann nicht anders und blicke Michele mit einem dicken Grinsen an. Bingo! Genau darum geht es. Menschen reden am liebsten über andere Menschen und gleich danach über das Essen. Mit wem man sich nicht verständigen kann, wer weder schön singen noch am Gespräch teilhaben kann, wird fremd und verbleibt im Reich der Tiere. Die Herstellung der menschlichen Art war eine Entscheidung. Friedlich nach innen, gewalttätig nach außen. Nur wer sich als Mensch zeigt, darf auf Teilhabe und Schutz hoffen. Wer nicht mitsprechen kann oder will, verbleibt als Tier im Reich der Natur und wird als Feind und Nahrung markiert. Diese Markierung der ›Anderen‹ ist weder Naturgesetz noch Zufall. Es müsste nicht so sein, es könnte auch anders entschieden werden.

Michele schaut immer noch skeptisch.

Während wir die Rolle der Sprache bei der Menschwerdung diskutiert haben, sind nach und nach andere Gäste zum Frühstück eingetroffen, und auch der Rabbiner Schlomo Ben Graz hat sich zu uns gesellt. Ich habe ihn in den letzten Jahren schon ein paarmal gesehen, aber wir sind nicht miteinander ins Gespräch gekommen. Aus der Ferne scheint er ein interessanter Mensch zu sein. Er hat ohne viele Worte bei uns Platz genommen, trinkt seinen Tee und hört uns zu.

Wir und die Anderen

Ein Schritt fehlt noch. Dann ist das Mosaik freigelegt und jeder kann sein eigenes Urteil fällen, ob er oder sie die Annahme einer kulinarischen Lebensform als *missing link* zwischen Natur und Kultur plausibel findet. Um den Rabbiner und einige andere Gäste, die sich zu uns gesetzt haben, ins Gespräch einzubinden, wiederhole ich in raschen Zügen die einzelnen Elemente der kulinarischen Menschwerdung. Vom Sammeln der Nahrung in der Küche über die ersten Werkzeuge zum Töten und Zerschneiden der Tiere bis zum Leben am Feuer und der Entstehung der menschlichen Sprache.

Ist man der kulturellen Lebensform der menschlichen Art so nahegekommen, setze ich an, stellt sich die Frage, welche Rolle die Moral im menschlichen Leben einnimmt. Für unseren *professore di filosofia*, ich neige meine Kopf Richtung Michele, ist klar, dass Moral allein eine menschliche Angelegenheit ist. Nur Menschen können sich als Personen begegnen, miteinander über das Gute sprechen und über abstrakte Ideen wie die Gerechtigkeit nachdenken. Tiere sprechen nicht. Sie können ihre Anliegen nicht formulieren, und wir können ihnen nicht in der gleichen Weise begegnen wie anderen Menschen. Sie bleiben aus dem menschlichen Gespräch ausgeschlossen und werden – da seit Aristoteles die Sprache als Bedingung von Moral angesehen wird – als Lebewesen ohne Moral betrachtet. Es ist eine Sicht auf die Tiere, die einen Keil zwischen Menschen und Tiere getrieben hat. Die Natur wird zu einem Ort, an dem alle mit allen im Krieg liegen und ein Kampf ums Dasein herrscht. Diese alten Vorstellungen belasten das Nachdenken über Menschen und Natur bis heute.[98] Die Natur bleibt ein dämonisches Reich, und erst die Menschen sind in der Lage, den Kampf aller gegen alle zu überwinden und in das Reich der Kultur und der Moral einzutreten. Es ist die alte Idee einer Stufenleiter in der Natur, mit dem Menschen an der Spitze, die seit Kants Zeiten in vielen anthropologischen Theoriegerüsten nachwirkt. Eine Perspektive, die sich hartnäckig hält und Ausdruck der Fremdheit von Menschen und Tieren ist. Der Mensch erkennt sich nicht mehr im Tier und kann gleichzeitig dem Tier sein Anderssein nicht lassen. Er wertet sein eigenes Dasein auf und das Leben der Tiere ab. Dabei wirken in den Menschen die gleichen Kräfte wie in den Tieren und der Natur, nur in einer anderen Gewichtung. Die Vorstellung, dass die Natur ein Ort des reinen und chaotischen Kampfes und die Moral erst im Menschen hinzugekommen sei, ist falsch. Es ist eine Ideologie der Herrschaft, die auf die Unterwerfung der Tiere und die Ausbeutung der Erde zielt. Um einen neuen Platz für die Menschen in der Natur zu finden, gilt es, sie zu korrigieren.

Während die Biologen und Biologinnen sich schon seit einigen Jahren von der Vorstellung einer fortwährenden Höherentwicklung in der Natur verabschieden und mittlerweile auf Stammbäume und Stufenleitern verzichten, konnte die philosophische Anthropologie das Prinzip von Moral noch nicht bis ins Tierreich zurückzuverfolgen. Diesen Brückenschlag versuche ich im Rahmen einer kulinarischen Anthropologie zu leisten, indem ich darlege, dass moralische Prinzipien bereits im Reich der Tiere wirksam sein müssen.

Michele und der Rabbiner runzeln gleichzeitig die Stirn. Ich muss lachen, will aber meinen Gedanken nicht abbrechen und unterdrücke meine Belustigung.

Ich teile in vielen Punkten durchaus die Mehrheitsmeinung der zeitgenössischen Philosophie. Ich sehe, dass wir im Tierreich nicht auf Personen treffen und es ein ernster Einwand ist, ob es Sinn macht, von Moral zu sprechen, wenn keine Individuen zu erkennen sind, die ihr Leben und ihre Handlungen betrachten und in moralischer Hinsicht beurteilen können.[99] Menschen können die anderen Tiere nicht im gleichen Sinne als Du ansprechen wie die anderen Menschen. Es gibt keine gemeinsame symbolische Sprache zwischen Menschen und Tieren. Wir treffen im Tierreich nicht auf Personen, deren Verhalten es nahelegt, dass sich dort Subjekte ihrer eigenen Taten bewusst sind. Es ist niemand dort, der bereit wäre, sich über die Folgen der eigenen Handlungen zu unterhalten oder gar Verantwortung für diese zu übernehmen. Tiere haben kein menschliches Selbstbewusstsein, und ohne die Möglichkeit, die eigene Handlung zu beurteilen und mit anderen Menschen darüber ins Gespräch zu kommen, sind die Bedingungen für die menschliche Moral nicht erfüllt.

Aber!

Moral ist nicht vollständig beschrieben, wenn nur ihre positiven Seiten in den Blick genommen werden. Menschen haben als moralische Wesen die Möglichkeit, sich nicht mehr totzuschlagen, sondern von Person zu Person zu begegnen und mittels der Sprache gemeinsame Lösungen zu finden. Aber die abgrenzenden und ausschließenden Funktionen von Moral gehören wesentlich zur Moral dazu. Und sie werden gerne ausgeblendet. Man erkennt das schon daran, dass eine Handlung, die als ›moralisch‹ beschrieben wird, allgemein als gut gilt. Wenn über jemanden gesagt wird, dass er ein moralischer Mensch sei, heißt dies, dass er ein guter Mensch sei oder dass er versuche, gut zu handeln. Dabei ist das Adjektiv ›moralisch‹ im strengen Sinn noch kein Urteil über eine Handlung. Eine Handlung kann auch moralisch schlecht sein. Moralisch beschreibt nur eine Qualität des Lebens, die sich – wie das Bewusstsein und der menschliche Geist – nicht auf die Materie reduzieren lässt. Die Idee, dass

Moral an sich gut sei, ist alt und hat schon viel Unheil und Ideologie produziert. Es gilt daher, die eigenen moralischen Vorstellungen genau zu prüfen, um nicht vorschnell der Idee zu verfallen, man sei besser als die anderen.

Am Lieblingsbeispiel der philosophischen Anthropologie, der Jagd, wird das Problem dieser einseitigen Sicht auf Moral deutlich. Seit in Chicago im Jahr 1966 eine große interdisziplinäre Tagung mit dem Titel »Man the Hunter«[100] stattfand, wird die Jagd immer wieder als Beispiel herangezogen, um die besonderen kooperativen Vermögen der Menschen aufzuzeigen. Man deutet Moral als Kooperation und Fairness untereinander und sieht in der Jagd ein Verhalten der Menschen, das die Entwicklung der menschlichen Lebensform und der menschlichen Sprache begünstigt hat. Fortwährend werden die Momente der Kooperation betont, die es brauchte, um gemeinsam erfolgreich zu jagen.[101] Aber keiner denkt darüber nach, dass das Töten ein ethisches Problem in die Welt gebracht haben könnte. Wer gejagt wird, kommt nicht zur Sprache. Es ist schon gesetzt: die Tiere. Obwohl es der Anspruch der philosophischen Anthropologie ist, das Besondere und die Entstehung der menschlichen Art erst zu erklären, scheint die Grenze zwischen Menschen und Tieren schon gezogen. Wer gejagt und getötet wird, wirft in der klassischen Anthropologie kein Problem auf. Die exkludierenden Kräfte von Moral werden nicht zum Thema.

Nimmt man die ausgrenzenden Mechanismen von Moral jedoch in den Blick, zeigt sich, dass die Grenze zwischen Menschen und Tieren entlang der Frage verläuft: Wer darf getötet werden? Während einige hominide Gruppen miteinander reden, sich zum Gespräch zusammenfinden, gemeinsam die Jagd planen und entscheiden, wer gejagt wird, bleiben andere davon ausgeschlossen. Der Zugang zur neuen menschlichen Art, also zu denen, die sich bald als Menschen begreifen werden, wird durch kommunikative Prozesse geregelt. Wer der Sprache mächtig ist, kann seine Interessen formulieren. Wer seine Interessen formulieren kann, findet Gehör. Wer nicht sprechen kann, bleibt vom Gespräch ausgeschlossen, wird als Tier degradiert und ist vom Tod bedroht. Die Herstellung der menschlichen Art war von dieser kommunikativen Grenzziehung begleitet. Friedlich und zugewandt nach innen, gewalttätig und brutal nach außen. Wer sich als Mensch zeigt, darf auf Teilhabe und Schutz hoffen. Wer nicht mitsprechen kann oder will, verbleibt als Tier im Reich der Natur und wird als Feind und Nahrung markiert. Dabei wird übersehen, dass diese Markierung eine Entscheidung war. Es müsste nicht so sein, es könnte auch anders entschieden werden.

Das Neue der menschlichen Art besteht also darin, dass die symbolische Sprache als Kriterium der Zugehörigkeit gewählt wird. Wer dazugehört, Teil der Gruppe werden kann und als Sexualpartnerin in Betracht kommt, wird zu einer kulturellen Angelegenheit. In dem Maße wie Menschen den sexuellen Kontakt zu Affen und anderen hominiden Arten verlieren, werden diese als Nahrung markiert und als Beute freigegeben. Nahrungstabu und Sexualtabu sind Geschwister. Eins ist nicht ohne das andere. Der Trieb und die Lust dienen der Erhaltung der Art, der Hunger und der Appetit dienen der Erhaltung der Individuen. Es sind natürliche Konstanten, die zusammen zu denken sind und die von allen sozial lebenden Tieren in kommunikative und damit in moralische Strukturen überführen werden. Auch Tiere ziehen Grenzen zwischen denen, die potenzielle Partner sind, und jenen, die ausgeschlossen werden und als Nahrung in Betracht kommen, und sie organisieren diese Grenzen durch soziale und natürliche Tabus. Die Tabus stammen aus der Natur, sie brauchen noch keine symbolische Sprache, um wirksam zu sein. Im Gegenteil sind Tabus, laut Sigmund Freud, einerseits »unbekannter Herkunft, ohne Begründung, unverständlich« und andererseits »für jene selbstverständlich, die unter ihrer Herrschaft leben«.[102] Tabus sind in diesem natürlichen Sinne grundlegende Prinzipien der sozialen Organisation, die noch nichts über die Arten selbst verraten. Das Inzesttabu dient dem Verbot, mit engen Familienmitgliedern Nachkommen zu zeugen, und das Kannibalismustabu sorgt dafür, dass die Mitglieder einer Art oder Gruppe sich nicht gegenseitig auffressen. Ob diese natürlichen Tabus über angeborene Kenntnisse, Instinkte oder Duftstoffe – wie bei den Ameisen – oder eben über eine symbolische Sprache wirken, ist von Art zu Art verschieden. Wir können nicht wissen, wie andere Tiere die Zugehörigkeit und den Ausschluss organisieren, weil wir mit ihnen nicht darüber sprechen können und das Geheimnis jeder Art in ihrer je eigenen kommunikativen Struktur begründet liegt. Alles, was wir erkennen können, sind die Prinzipien unserer eigenen Art. Menschen konnten sich als eigene Art begründen, weil sie mit der Küche eine soziale Nische erfunden haben, die eine komplexe, abstrakte und präpositionale Sprache möglich und vorteilhaft gemacht hat. Die natürlichen und sozialen Tabus, die viel älter sind als die menschliche Art, bekommen in den Küchen ihre kulinarische Form und münden dann über die Jahrtausende ganz langsam in dem großen Gespräch, das wir als Menschen fortwährend miteinander führen.

Michele schlackert mit den Ohren, der Rabbi lacht. Dieses Mal lache ich mit.

Ich gebe euch ein Beispiel, das die Sache deutlicher macht. Niemand wird bezweifeln, dass es Beziehungen und Kommunikation zwischen Menschen und Tieren gibt. Besonders Menschen und Hunde können sich gut verständigen. Zwischen ihnen gelten nicht die gleichen sprachlichen Grenzen wie für Menschen und Schweine oder Menschen und Hühner. Von Fischen und Insekten ganz zu schweigen. Mit einem Hai kann man nicht verhandeln und auch ein Moskito wird sich nicht auf ein Gespräch einlassen. Zwischen Menschen und Hunden hingegen sind Verabredungen möglich. Irgendwann lernten Wölfe und Menschen sich kennen und vereinbarten, sich nicht mehr gegenseitig zu fressen. Freilich sind diese Verabredungen fragil und sie weisen bekanntlich starke kulturelle Unterschiede auf. Aber die Wölfe, die sich auf die Menschen einließen, bekamen einen Platz innerhalb der menschlichen Welt und wurden zu Hunden. Die Artbildung von Hunden wurde von kommunikativen und moralischen Phänomenen begleitet.

Wir wissen nicht, wie Hunde ihre Position innerhalb der menschlichen Welt einordnen oder ob sie überhaupt über ihr Dasein in der Welt reflektieren. Mir scheint, dass es wie bei den Menschen ist. Manche Hunde denken nach, andere nicht. Gleichwohl sind Hunde nicht in dem Sinne als Gegenüber ansprechbar, wie es zwischen Menschen möglich ist, und es wäre unsinnig davon auszugehen, dass ein Hund weiß, dass er ein Hund ist, so wie ein Mensch wissen kann, dass er ein Mensch ist. Aber ein Hund muss nicht wissen, dass er ein Hund ist, um Teil der menschlichen Lebenswelt zu werden – und davor geschützt zu sein, gefressen zu werden. Es reicht, dass der Hund zwischen Freund und Feind unterscheiden kann. Zwischen denen, die zu seiner Gruppe oder Familie gehören, und jenen, die eine Gefahr für ihn, seine Schafe und seine Familie darstellen. Dieses Vermögen, zwischen den Eigenen und den Anderen zu unterscheiden, muss allen lebenden Wesen eigen sein und darf als grundlegender Modus von Abgrenzung und Artbildung angenommen werden. Dass die Abgrenzungsmechanismen der anderen Tiere für uns nicht einsichtig sind, heißt nicht, dass Tiere solche Mechanismen nicht kennen, sondern verweist allein auf den menschlichen Abgrenzungsmechanismus und die menschliche Form von Moral, die uns zu einer eigenen Art gemacht haben.

Der Rabbiner fixiert mich mit einem durchdringenden Blick, und ich will meine Position klarer machen, um nicht falsch verstanden zu werden.

Ich mache eine starke Unterscheidung zwischen Moral und Ethik. Ethik ist die menschliche Form von Moral. Moral hingegen existiert auch im Tierreich. Sie sorgt, zumindest bei sozialen Säugetieren, hinsichtlich der Nahrung und der Sexualität für Tabus. Zwar scheinen Tiere nicht im gleichen Sinne wie Menschen in der Lage, sich über ihre Tabus zu verständigen, aber wir können nicht wissen, ob Tiere Formen der Kommunikation kennen, die für uns uneinsichtig bleiben. Deshalb verzichte ich darauf, den Moralbegriff an Individuen zu knüpfen, die im menschlichen Sinne über ein ausgebildetes Selbstbewusstsein verfügen müssen, miteinander Aushandlungsprozesse eingehen und für ihre Handlungen verantwortlich gemacht werden können. Moral kann einfach als konstitutives Moment bei der Herausbildung neuer Arten angenommen werden, insofern sie Fress- und Sexualordnungen festlegt. Moral ist also eine evolutionäre Funktion, ein Modus der Abgrenzung und der Unterscheidung zwischen den Eigenen und den Anderen. Mich interessieren die kommunikativen Prozesse der Artbildung, die Identifikation mit den Eigenen und die Markierung derer, die nicht dazugehören, die als Nahrung in Betracht kommen und getötet werden dürfen. Diese kommunikativen Abwertungen der Anderen können wir für unsere eigene Art begreifen. Im menschlichen Fall handelt es sich um eine sprachliche Grenze. Der Mensch sagt: Nur wer sprechen kann, ist ein Mensch. Nur wer antwortet, ist ein Mensch. Wer nicht am Gespräch teilnehmen kann, hat auch keine Rechte.

Einige Gäste sind aufgebrochen, um in den Bergen wilde Kräuter zu sammeln, andere bereiten die Pasta für das Abendessen vor. Michele, Schlomo und ich schlendern auf dem Gelände umher und sehen einem Schäfer zu, der seine Herde ins Tal hinabführt. Es ist fast Mittagszeit geworden und Schlomo schwärmt von einer *Pasta all'amatriciana bianca*, die er mal gegessen hat. Dann hält er inne und fragt mich, wie ich das genau meine, mit dem Töten.

Das ist der schwierigste Punkt, beginne ich meine Antwort. Das Töten ist ein natürlicher Akt. Tiere töten andere Tiere, weil sie Hunger haben. Sie töten, um selbst zu leben, und es wirft keine ethischen Fragen auf, weil Raubtiere weder physiologisch in der Lage sind, sich von Pflanzen zu ernähren, noch einen Begriff ihrer Handlung haben. Wir können mit den Tieren nicht über ihr Verhalten sprechen und gemeinsam über das Leben und unsere Handlungen nachdenken. Das tierische Bewusstsein ist unserer Form der reflexiven Erkenntnis, die ihre Gestalt am Feuer bekommen hat, so fern, dass kein Transfer möglich ist. Die Frage des Tötens muss zwischen Menschen ausgehandelt werden, obwohl sie die Tiere unmittelbar betrifft.

Erst uns Menschen tritt das ethische Dilemma des Tötens vor Augen, weil wir nicht mehr mit dem ganzen Körper, mit Zähnen und Krallen töten, sondern mit Waffen. Diese Art zu töten lässt eine Distanz zwischen den Tätern und den Opfern entstehen. Die Jägerinnen können ihre eigenen Handlungen und das sterbende Tier beobachten. Wie beim Sex ist es Menschen möglich, dem Anderen beim Akt in die Augen zu blicken. Man kann sich im Gegenüber erkennen. Eine Berührung aus Licht. Eine Zone der Ununterscheidbarkeit. Zu schnell für das analytische Denken. Das Unendliche und die Dialektik nehmen seinen Platz ein. Das menschliche Bewusstsein erfährt sich in seinem Gegenüber, und die Sprache wird zum Medium, um zwischen den Bewusstseinen zu vermitteln. Sie tauschen sich aus, erkennen sich als gleich und als verschieden. Sie erkennen sich gegenseitig an und vereinbaren, dass sie einander nicht töten werden. Wer hingegen nicht dazugehört, nicht spricht, keine Anerkennung findet und als Tier markiert wird, darf getötet und gegessen werden. Es ist eine Unterscheidung, die im Laufe der Menschwerdung erst verhandelt werden musste. Die Notwendigkeit, eine Grenze zu ziehen, haben Menschen aus dem Reich der Tiere geerbt, und diese Grenze hat sich bei der Herausbildung der menschlichen Art verschoben. Die Antworten sind neu, die Fragen hingegen sind uralt. Sie stammen aus der Natur und lauten: Wollen wir die essen? Gehören die dazu, oder sind die anders? Gelingt es, die zu jagen und zu töten? Gehen wir denen aus dem Weg? Oder sind die sexy? Sollten wir versuchen, uns ihnen in freundlicher Absicht zu nähern?

Menschliche Lebewesen, die sich am Feuer begegneten und ihre Nahrung miteinander teilten, auf der einen Seite; zunehmend isolierte hominide Arten, deren Interesse nicht dem Fortschritt und der Vermehrung galt, auf der anderen. Während diese im Reich der Tiere verblieben sind und zur Nahrung, Beute und Opfern wurden, haben die Neugierigen, die Mutigen, die Draufgängerinnen, die Lucys, die Lams und Evas, bald ihr tierisches Erbe mit Verachtung betrachtet und ihre Sprachfähigkeit als Signum einer eigenen, neuen und besseren Art angesehen. Sie nahmen Kurs auf das Reich der Kultur und der Freiheit und setzten ethische Aushandlungsprozesse in Gang, die bis heute der Schlüssel zu menschlichem Dasein sind.

Die Herausbildung einer einzigen und in allen Facetten verschwisterten menschlichen Art wurde nur als ethische Verhandlung über biologische Fragen möglich: eine kulinarische

Assimilation, begleitet von kommunikativen Grenzziehungen, ethischen Setzungen und sexueller Verschmelzung. Heute gilt das fortwährende Gespräch unter und über Menschen zwar nicht mehr der Frage, ob man jemanden fressen darf. Und dennoch sind in der Sprache der Liebe kannibalistische Spuren erhalten geblieben. Denken wir nur an Aussagen wie »Ich habe dich zum Fressen gern«, »I will eat you out« oder »Yerim Seri«[103]. In ihnen klingt nach, dass sexuelle und kulinarische Fragen anfänglich in eins fielen und es lange gedauert haben muss, bis sich aus Chaos, Tohuwabohu, Jagd und Orgie verlässliche kommunikative Grenzen und dauerhafte Tabus entwickelt haben. Bis heute wird verhandelt, wer als sprachfähiger Handels- und Verhandlungspartner in Betracht kommt. Die Herstellung einer menschlichen Art, die sich als kommunikative Solidargemeinschaft, als ein großes *Wir* begreift, ist nach wie vor von Kämpfen um Anerkennung und Zugehörigkeit begleitet.

Das Neue an der menschlichen Art ist ein Interesse an anderen Populationen, das nicht nur der Fortpflanzung und der Ernährung dient, sondern Gespräche, Verhandlungen und Handel möglich macht. Im Fall der Menschen verschmelzen viele Gruppen zu größeren Populationen, zu Fortpflanzungs- und Sprachgemeinschaften, die wiederum miteinander in Beziehung treten. Diese immer komplexer werdenden sozialen, kommunikativen, sexuellen und kulinarischen Netzwerke zentrieren sich mit der Zeit um einen genetischen Kern, der heute die biologische Art des *Homo sapiens* ausmacht.

Für diese Verdichtung zu einer Art brauchte es eine gemeinsame Nische, die Bereitschaft gemeinsam zu speisen, eine Friedenspfeife zu rauchen und ethische Aushandlungsprozesse zu beginnen. Die Ethik entsteht gemeinsam mit der menschlichen Art, in dem Maße wie verschiedene Populationen versprengter hominider Horden miteinander in sprachlichen Austausch, in Handel und Verhandlung eintreten. Die externe und interne Organisation der sozialen Fragen durch ein gemeinsames Gespräch ist eine gute Idee. Sie führt dazu, dass Konflikte nicht mehr durch Kampf entschieden, sondern durch kommunikative Aushandlungsprozesse gelöst werden können. Für diejenigen, die jedoch nicht zum gemeinsamen Gespräch zugelassen sind, bedeutet es einen sozialen Ausschluss und im ärgsten Fall den Tod. Aus der fortwährenden Grenzziehung entwickelt sich eine neue biologische Art, in dem Sinne, dass nur noch diejenigen miteinander Nachkommen zeugen, die miteinander sprechen können.

Dabei ist es wenig erkenntnisfördernd, diese Transformation von Lebensform und Bewusstsein als Umschlagen von Natur in Kultur und Geschichte zu markieren. Warum Menschen in der Lage sind, auf ihre eigenen Handlungen zu reflektieren (und wie sich der Begriff einer Solidargemeinschaft einstellen kann), wird als natur- und geschichtsphilosophische Frage nur teilweise einsichtig. Wir können die Bedingungen unserer eigenen Existenz in einem chronologischen Sinne nicht vollständig aufklären. Aber dies ist auch nicht nötig. Wer einsieht, dass die Dinge immer auch anders sein könnten und dass es uns als Menschen möglich ist, Verantwortung für das eigene Handeln zu übernehmen, kann sich der normativen Forderung, den eigenen Möglichkeiten auch zu entsprechen, nicht mehr entziehen.

Nun ist dies offenkundig auch bei Menschen bei Weitem nicht immer der Fall, sondern ein Zustand, den es anzustreben gilt und der stets vom ethischen Dilemma am Grunde des Daseins bedroht wird: Einer muss sterben, damit die anderen leben können. Der Hunger treibt uns an. Lust, Faszination, Schrecken, Anziehung und Ekel begleiten das Töten. In seiner Ambivalenz kaum zu ertragen, verlangt es nach einer Deutung und nach Erklärungen. Die eigenen Handlungen müssen gerechtfertigt werden, und das Prinzip, welches damals aus der Stille des Tierreichs ins sprachlich geregelte Leben der Menschen einzieht, funktioniert immer noch: Man wertet die anderen ab, findet Gründe, die rechtfertigen, warum das eigene Leben mehr wert ist als das Leben der anderen. Aber das allein reicht nicht. Anfänglich sind sich Beute und Jägerin ähnlich genug, um sich gegenseitig als verwandt zu erkennen. Der Unterschied zwischen Tier und Mensch muss als stete Wiederholung von Hunger, Jagd, Tod, Festmahl und Reflexion erst hergestellt werden. Ein großes Tier stirbt und viele andere Tiere sind für eine Weile gesättigt. Sie feiern sich und das Leben, aber der eine oder die andere gerät am Feuer in eine Krise. Die Distanzierung und die Markierung der Beute als tierisch und fremd reichen ihnen nicht aus. Sie finden sich nicht damit ab, dass die Welt schweigt und keine Antwort auf das ethische Dilemma des Daseins gibt. Sie sind die ersten Schamaninnen und Zauberer. Sie machen den Tod, das Sterben und Töten zum Thema, laden ihre Handlungen symbolisch auf und führen die Menschen aus dem kulinarischen Zeitalter ins Reich der Rituale. Sie ersinnen Opferfeste und institutionalisieren den Unterschied zwischen Menschen und Tieren. Mit der Zeit verhärten sich die Grenzen, aber sie bedürfen der ständigen Opfer. Das Opfer muss einem fremd sein, damit man seine Tötung akzeptiert, und ähnlich, damit man es in sich aufnehmen will. Es sind Tiere, mit denen Nahbeziehungen möglich sind, die zu den Objekten der ersten Speiseordnungen werden und deren rituell vollzogene Tötungen den Anfang der menschlichen Kultur markieren.

Ich halte inne, weil der Rabbiner begonnen hat, ungläubig den Kopf zu schütteln. Dann steht er auf und geht. Ebenso wortlos, wie er sich am Morgen zu uns gesetzt hat. Michele und ich schauen ihm etwas verdattert nach, aber er dreht sich nicht um. Langsam wird er kleiner und verschwindet in einem kleinen Pinienhain.

Lachen

Michele und ich haben am Nachmittag einige Stunden in der Küche geholfen und sitzen beim Abendessen im großen Speisesaal, als Schlomo zurückkommt. Die Tür geht auf, er betritt schwungvoll den Raum und setzt sich offensichtlich in fröhlicher Stimmung zu uns an den Tisch. Noch bevor wir ihn fragen können, was ihn am Mittag zu dem wortlosen Aufbruch bewegt hat, beginnt er zu sprechen.

Mein Freund, wieder fixiert er mich, dreht sich dann zu Michele und sagt mehr zu ihm als zu mir: Der Junge ist nicht dumm, aber wenn er denkt, dass er den Unterschied zwischen Tieren und Menschen erklären kann, ist er meschugge. Ein Mensch ist ein Mensch und ein Tier ist ein Tier. Niemand kann sagen, wie Menschen zu Menschen geworden sind. Die Prinzipien und Wege der Evolution übersteigen den menschlichen Geist. Wir können die Bedingungen unserer eigenen Existenz nicht einsichtig machen. Das Beste ist, du glaubst an Gott. Aber ich habe schon verstanden, Schlomo hebt seine Hand und wedelt nur halb zum Spaß mit seinem Zeigefinger vor meiner Nase herum. Du willst nicht an Gott glauben. Er zuckt mit den Schultern. Dann glaube halt dem *professore*. Glaube an die menschliche Vernunft, an die Sprache und die Moral. Oder glaube den Modellen der Biologen. Glauben musst du in jedem Fall. Es gibt keinen Übergang, und die Rede von der Unendlichkeit, die sich in der Beziehung zwischen Menschen einstellt, ist idealistisches Gequatsche. Hegel war betrunken, als er das geschrieben hat.

Ich freue mich, dass Schlomo sich endlich am Gespräch beteiligt, und bin gespannt, was er beizutragen hat, aber noch habe ich keine Ahnung, wo uns seine Ansprache hinführen soll.

Du denkst, dass die Menschen durch die Beobachtung ihrer eigenen Handlungen zu Menschen werden? Dass Menschen sich im Unterschied zu den Tieren in ihren Opfern wiedererkennen, weil sie ihnen in die Augen schauen können und sie eine Ähnlichkeit erkennen? Und dass dies die Gründe sind, die ein Bewusstsein vom Tode und die Entwicklung von Ritualen wie Opferbräuchen nach sich gezogen haben? Habe ich das richtig verstanden?

Ich nicke.

Du kennst die Geschichte von Abraham und Isaak?, fragt Schlomo weiter.

Wieder nicke ich.

Er scheint zufrieden und schaut, als wäre damit alles gesagt.

Es entsteht eine Pause.

Erst als Michele ihn bittet, seine Gedanken weiter auszuführen, skizziert er in knappen Sätzen den alten biblischen Mythos. Abraham ist der Vater von Isaak. Abraham hat von Gott den Auftrag bekommen, nach Kanaan zu ziehen und ein großes Volk zu begründen. Eines Tages will Gott den Glauben Abrahams prüfen. Frag nicht, warum. Jedenfalls fordert Gott Abraham auf, seinen Sohn Isaak zu opfern. Da Abraham ein gläubiger Mann ist, hinterfragt er Gottes Worte nicht und ist bereit, seinen eigenen Sohn zu töten. Isaak kommt es seltsam vor, dass die beiden einen Altar errichten, aber kein Opfertier mit sich führen. Erst im letzten Moment, als Abraham Isaak schon auf dem Altar festgebunden hat und Gott sicher ist, dass Abraham sogar bereit wäre, seinen eigenen Sohn für ihn zu opfern, sendet Gott einen Widder und erlöst die beiden. Abraham erkennt das Zeichen und opfert den Widder anstelle seines Sohnes Isaak. Kannst du nachlesen im ersten Buch Moses, Bereschit 22.

Wieder hält Schlomo inne und wir schauen ihn fragend an. Die Stimmung im Raum ist prächtig. Wir sitzen etwas abseits, und von den anderen Tischen brandet trunkenes Lachen zu uns herüber, aber wir lassen uns nicht ablenken.

Das erinnert mich an eine Stelle aus der *Ilias*. Nun ist es Michele, der von Agamemnon erzählt. Dieser griechische Herrscher hat seine Verbündeten versammelt und ist willens, in den Krieg gegen Troja zu ziehen. Die gesamte Kriegsflotte der Griechen liegt vor Aulis. Aber es weht kein Wind. Nicht eine Wolke ist zu sehen, und die prächtigen Kriegsschiffe liegen wie Steine im Hafen. Der Grund für die Flaute ist Artemis, die Göttin der Jagd. Agamemnon hat sie verärgert, und um ihn zu strafen, durchkreuzt sie seine Pläne. Man konsultiert einen Priester, und dieser kennt eine Lösung. Agamemnon muss ein Opfer bringen. Er soll seine Tochter Iphigenie töten, um die Göttin Artemis zu versöhnen. Dann wird der Wind zurückkommen. Agamemnon überlegt. Aber nur kurz. Er stellt seiner Tochter eine Falle und befiehlt, sie zu töten, um endlich in den sinnlosen Krieg gegen Troja zu ziehen.

Wir schauen uns an und erheben still unsere Gläser.

I think

Es ist nur ein paar Jahrtausende her, dass das Menschenopfer aus der europäischen Kultur verschwunden ist. Bei den alten Griechen ist es noch zugegen. Erst mit dem Monotheismus, am Anfang der großen biblischen Erzählungen, verschwindet es endgültig. Der Widder tritt an die Stelle Isaaks und mit diesem Tausch ist die Grenze gesetzt. Tiere dürfen getötet werden, Menschen nicht. Die Menschen sind aus der Natur in den Kult, in die Kultur eingetreten und haben sich vom Reich der Tiere losgesagt. Heute scheint der Unterschied klar. Menschen und Kultur hier, Tiere und Natur dort. Es gibt kein Zurück, und die Differenz steht so deutlich vor unser aller Augen, dass der Übergang bis ins

21. Jahrhundert rätselhaft geblieben ist. Ein Stein dort, ein Faustkeil hier. Passive, gar bewusstlose Tiere dort, aktive und sich ihrer Handlungen bewusste Menschen hier. Körper und Geist. Das Profane und das Heilige. Anpassung und Freiheit. Die Natur als das Reich des Seins, der Kausalität und der Gesetze. Die Kultur als Reich der Freiheit und des Sollens. So still und heimlich sich der Übergang auch vollzogen hat, so deutlich scheint der Unterschied heute vor uns zu stehen.

Menschen sind kochende und sprechende Tiere, die sich Geschichten erzählen, ihre Nahrung teilen und miteinander lachen. Das menschliche Lachen ist eine rätselhafte Eigenart der Menschen. Es scheint, wie die Sprache, irgendwann zwischen den ersten Faustkeilen und der Erfindung der Schrift seine menschliche Gestalt bekommen zu haben. Eine wissenschaftliche Erklärung für das Lachen gibt es nicht. Man weiß nicht mal, welche Disziplin sich mit dem Lachen zu beschäftigen hat. Die Soziologie, die Psychologie, die Verhaltensbiologie oder doch die Philosophie? Ist das Lachen ein Geschenk der Götter, eine Wiedergutmachung für die Unannehmlichkeiten des Lebens? Unwahrscheinlich. Die Götter sind eher humorlose Wesen.

Bei meiner Suche nach der Herkunft der Menschen aus dem Reich der Tiere bin ich auch über Gedanken zum Lachen gestolpert. Sie haben mir Freude bereitet und sich in die Vorstellung, dass Menschen einer kulinarischen Lebensart entstammen, eingefügt. Es sind Assoziationen, die keine Evidenz beanspruchen, sondern unterhalten und zum Nachdenken anregen wollen. Der erste Gedanke stammt von Canetti. Er schreibt über das Lachen, dass es aus der Freude über den Sturz der Beute[104] herrührt. Er stellt sich vor, wie die Raubtiere bei der Jagd ihre Fangzähne fletschen, um sie in den Hals der Beute zu schlagen. Wie schon gesagt, jagen Menschen nicht mit ihren Zähnen, sondern mit Waffen. Die Menschen brauchen ihr Gebiss nicht zum Töten, aber sie fletschen ihre Zähne noch immer: beim Lachen. Wenn Menschen lachen, stehen sie in der Tradition von Raubtieren, die über ihre Beute herfallen. Wer ausgelacht wird, bekommt es am eigenen Leib zu spüren. Er oder sie ist rechtelos. Niemand ist da, um zu helfen.

Von mobbenden Kindern und Pogromen abgesehen, jagen Menschen einander nicht mehr in kleinen Gruppen. Weder umzingeln wir isolierte Jungtiere auf der Jagd, noch tanzen wir lachend um unsere Opfer herum. Das Prinzip ist jedoch erhalten geblieben. Wer ausgelacht wird, darf nicht auf Anerkennung hoffen und muss im schlimmsten Fall um sein Leben fürchten. Das Lachen zeigt an, wer dazugehört und wer nicht. Gemeinsam zu lachen heißt miteinander vertraut zu sein, sich die Zähne zu zeigen, ohne sich zu fressen. Schau, ich könnte dich fressen, aber ich mache es nicht. Wer miteinander seine Nahrung teilt, hat sich darauf geeinigt, dass man sich nicht gegenseitig frisst, sondern sich seine Zähne im Guten zeigt.

Lachen bedeutet Aussicht auf gute Zeiten, Lachen bedeutet Erfolg und ist ein Zeichen von Macht. So bringt wer über wen lacht – und lachen darf – die Machtstrukturen von sozialen Beziehungen zum Vorschein. Man teilt die Nahrung, isst miteinander und lacht über die gleichen Dinge. Man hat bereits entschieden, wer dazugehört, hat gemeinsam getötet, Beute gemacht und ist für einen kurzen Moment vom Druck des Daseins befreit. Nicht lange, nur eine kurze Spanne zwischen Fressen-und-gefressen-Werden. Aber lange genug, und in steter Wiederholung, bis auch die zweite unabweisbare moralische Frage, nach ›Wer darf wen töten?‹, ihre menschliche Form bekommen kann. Auch sie haben die Menschen aus dem Tierreich geerbt, und auch sie bekommt in der Küche ihre menschliche Form. Sie lautet: Wer bekommt welchen Teil der Beute? Wir wird das Fleisch verteilt? Während auf der Jagd alle Jägerinnen gemeinsam den Tod der Beute im Sinn haben, denkt nun jede an sich, und die Verteilung muss organisiert werden. Eine Aufgabe, die sich allen Tieren, die in Gruppen jagen, stellt. Deshalb nennt Canetti das Gesetz der Verteilung »das älteste Gesetz«.[105] Es wird ausgehandelt und festgelegt, wem welche Teile der Beute zustehen. Am Feuer, im Zentrum der kulinarischen Lebensform, sitzen sie – unsere Ahnen. Die Jagd war erfolgreich, und sie lachen und geifern. Sie reiben sich die Hände, drehen das tote Tier über den Flammen und zügeln ihren animalischen Hunger. Sie glucksen vor Glück über die erfolgreiche Jagd. Es sind noch keine Menschen, aber auch keine Tiere mehr. Es sind Wesen des Übergangs. Unter ihnen die Kinder. Sie waren nicht an der Jagd beteiligt, aber auch sie haben Hunger und üben sich in Nachahmung. Diese Fähigkeit ist ihnen angeboren. Ebenso wie das Talent zur Pantomime. Sie lernen, dass sie mehr von der Beute bekommen, wenn sie die anderen imitieren und sich ihnen als ähnlich zeigen. Die Jäger und Jägerinnen erkennen sich in den Kindern, sie erkennen deren Absicht, sie amüsieren sich und teilen mit ihnen. Bis heute haben unsere Kinder das alte Talent, sich mit denen gemein zu machen, die sie füttern. Erst lächeln sie nur und dann lernen sie sprechen. Ein alter Instinkt, der diejenigen begünstigt, die ihre Gesichtszüge früh in Einklang mit der herrschenden Ordnung zu bringen vermögen. Das Feuer brennt hoch, die Beute reicht für alle und das schallende Gelächter der ersten Menschen dringt weit über die Steppe. Kein Tier traut sich, sich ihnen zu nähern. Ihr Feuer markiert das neue Zentrum mitten in der dunklen und unbegrenzten Natur. Hier sind sie. Hier werden sie bleiben.

Donna Lorena kommt zu mir an den Tisch. Michele und Schlomo haben sich umgesetzt und trinken mit den anderen.

Die Donna boxt mir freundschaftlich, aber bestimmt gegen die Schulter und kommandiert mich in die Küche, um den Abwasch zu machen. Ich füge mich widerstandslos und schleiche an den feiernden Gesichtern vorbei. Die Spülküche ist der letzte Ort. Danach geht alles von vorne los. Die Speisereste werden von den Töpfen, Tellern, den Kochlöffeln, Messern und Gabeln abgewaschen, damit es weitergehen kann. Dem Spülen wird wenig Wert beigemessen, weil diese Arbeit nichts hinzufügt und man für sie nichts können muss. Sie ist langweilig, anstrengend, ohne Ansehen und schlecht bezahlt. Niemand macht sie gerne. In unserem Fall ist das anders. Hier helfen alle mit. Jeder kommt mal dran, und deshalb geht die Arbeit leicht von der Hand. Ich muss nicht jeden Tag die dreckigen Teller mir unbekannter Menschen spülen. Ich lasse ein großes Becken mit heißem Spülwasser volllaufen und sortiere das Geschirr vor. In die schweren Töpfe fülle ich Wasser, damit sie einweichen. Ich mag die Monotonie dieser Arbeit, die Bewegung, das Geräusch und das Gefühl des Wassers und dass einem niemand sagt, wie man sie zu verrichten hat. Bevor Teller, Messer, Gabeln und Löffel ganz abgetrocknet sind, poliere ich sie mit einem sauberen Küchentuch und verstaue sie an den vorgesehenen Orten. Einen Moment schaue ich den anderen aus der Küche zu, wie sie ihre Geschichte erzählen, vom Wein schwärmen und den Abend genießen. Dann ziehe ich mich zurück.

Am nächsten Morgen nehme ich Abschied. Einige Umarmungen, ein fester Blick hier, ein herzliches Lachen und ein Kuss dort. Bis zum nächsten Jahr. Ich steige bei Michele ins Auto, wir rasen die steilen Kurven hinab und hören der scheppernden Musik aus den kleinen Lautsprechern zu. Als ich schon an der Busstation stehe, lehne ich mich zu Michele ins Fenster und frage ihn: Sind wir Freunde, weil wir gerne zusammen kochen und essen oder weil wir uns gut unterhalten können? Er schaut mich an, als ob ich bescheuert wäre. Dann ruft er lachend, beides natürlich, gibt Vollgas und fädelt sich hupend zwischen zwei anderen Autos auf der Landstraße ein.

Wieder in Rom beschließe ich, spontan einige Tage am Meer zu verbringen, und fahre mit dem Bus nach Sperlonga. Nahe der Küste liegt ein alter Bauernhof, auf dem ich vor einigen Jahren Ziegen gemolken und bei der Herstellung des Käses geholfen habe. Ich war länger nicht mehr hier und irre eine Weile umher. Als ich mich schon frage, ob ich den Hof wiederfinde, taucht das kleine Bauernhaus am Horizont auf. Aus dem Schornstein raucht es und ich laufe darauf zu. Den alten Giovanni und seinen Hund Brutus bemerke ich erst, als ich schon vor ihnen stehe. Sie sitzen unter einer großen Linde auf einer Bank und haben mir seelenruhig zugeschaut, wie ich den steinigen Weg emporgeklettert bin. Obwohl ich einige Jahre nicht hier gewesen bin, begrüßt mich Giovanni, als sei ich nur kurz in der nächsten Stadt gewesen, um ein paar Besorgungen zu machen. Eine Weile sitzen wir schweigend nebeneinander und schauen in die Landschaft. Es gibt Orte, die sind so ruhig, dass man erst dort merkt, wie laut das Selbstgespräch ist, das wir ständig in uns führen. Giovanni kennt das wohl eher nicht. Er ist bestimmt siebzig oder älter. Seine Kinder leben in Rom und Nürnberg. Sie wollen ihn und ihre Mutter Lollo in ein Altersheim stecken, aber die beiden denken nicht daran, ihren Hof zu verlassen. Als es kühler wird, gehen wir zusammen ins Haus. Dort herzt mich Lollo, als wäre ich ihr eigener Sohn. Sie setzt mich an den Tisch und ich werde mit einer italienischen Köstlichkeit nach der anderen gefüttert und ausgefragt. Wo ich all die Jahre gewesen bin? Ob ich endlich verheiratet sei und Kinder habe? Ob ich dieses Mal länger bleibe oder endlich einen richtigen Beruf gefunden hätte? Wir trinken roten italienischen Landwein, essen und erzählen, bis es fast Mitternacht ist. Dann schlüpfe ich in ein einfaches Bett und sinke in einen tiefen Schlaf.

Am nächsten Tag steige ich einen steilen Weg zum Meer hinab. Die Luft ist klar und angenehm. Ich schaue lange den Wellen zu, aber zum Baden ist es noch zu kalt. Dafür sind keine Touristen da. Ab und zu begegne ich einem anderen Spaziergänger, ansonsten bin ich allein mit den Elementen und meinen Gedanken. Als ich Hunger bekomme, suche ich ein kleines Restaurant auf. Es heißt *La Scala*. Erst bin ich unsicher, ob es geöffnet hat, aber der Kellner begrüßt mich freundlich und versichert, dass man mich gerne bewirte. Ich suche mir einen Tisch, von dem aus ich durch ein Fenster ins Blaue schauen kann. Auf dem Tisch neben mir liegt ein dicker Stapel weißes Papier. Als hätte jemand eine Packung Druckerpapier aufgerissen, kurz abgelegt und vergessen. Nur der Kugelschreiber auf dem Papierstapel will nicht zu dieser Vorstellung passen. Außer dem Kellner ist kein anderer Gast zu sehen, und während ich esse, betrachte ich den Stapel, aber es kommt niemand, um sich seiner anzunehmen. Als ich aufgegessen habe, liegt er immer noch so da wie zu Beginn. Ich trinke noch einen Espresso und bin schon in der Tür, als mich etwas zurückhält. Eine Weile betrachte ich das Papier und den Stift. Dann setze ich mich und beginne zu schreiben.

Von Menschen und Tieren

Seit ich denken kann, ziehe ich die Fragen den Antworten vor. Sie sind der Grund, warum ich dieses Buch geschrieben habe. Aber ohne Antworten können sich auch die Fragen nicht verändern. Also!

Ich bin ein Mensch, ein Tier, das sich selbst fremd geworden ist und eine kulturelle Form gefunden hat, um mit dieser Fremdheit umzugehen. Als Tier muss ich mich aus der Welt nähren, um zu überleben. Ich muss entscheiden, welche Dinge ich als Nahrung in mich aufnehmen will. Als Tier rieche und lecke ich an den Dingen, ich vertraue meinen Sinnen und kann zwischen angenehm und eklig unterscheiden. Ich bin Teil einer sehr, sehr alten Kette von biologischen Lebewesen, die sich immer wieder verwandelt haben. Mein Körper *und* mein Bewusstsein sind das Ergebnis dieser Metamorphosen. Sie sind so alt und vielschichtig, dass ihre Entwicklungsprinzipien den menschlichen Geist übersteigen. Der Körper ist ein Stück Wachs, in das sich im Laufe der Jahrmillionen Zeichen und Bedeutungen eingeschrieben haben. So viele Verwandlungen hat das Leben schon durchlaufen, dass die Körper selbst Zeichen geworden sind. Die Haut, die Gehirne, die Mägen und der Darm sind der Strom und der Stoff, aus dem alles Menschliche erst erwächst. Durch die Körper pulsiert das Blut, die Lungen filtern das gute Gas aus der Luft, unsere Mägen suchen das Dienliche aus der Nahrung. Ohne Pause nehmen die Körper das Fremde in sich auf, gleichen es an und machen es zu etwas Eigenem. Assimilation und Metamorphose ohne Anfang und Ende. Als Tier bin ich, was ich bin: Ich werde geboren, ich nähre mich aus der Welt, mache das Fremde zu einem Teil von mir, wachse, sterbe, löse mich wieder und gehe in anderen Lebewesen auf.

Als Mensch bin ich nicht so genügsam. Ich will mehr darüber wissen. Ich frage nach meinen Wurzeln und der Herkunft meiner individuellen wie unserer kollektiven Existenz. Seit wann kennen Menschen das Gefühl, sich selbst fremd zu sein? Sind die Menschen die einzigen Tiere, die dieses Gefühl kennen? Haben nur Menschen kulturelle und geistige Formen entwickelt, um mit dieser Entfremdung von der eigenen Natur umzugehen? Kennen nur Menschen die Zerrissenheit zwischen Körper und Geist? Oder gibt es andere Formen von Bewusstsein, Kommunikation und Geist, die nicht dem Leben am Feuer und der kulinarischen Lebensform der menschlichen Art erwachsen sind?

Um sich diesen philosophischen Fragen zu stellen, braucht man Neigung, Ruhe und Zeit. Sich mit ihnen zu befassen, ohne zu wissen, wohin dies führt, ohne überhaupt auf ein Ergebnis zu zielen, birgt das Risiko, am Ende mit leeren Händen dazustehen. Es ist nicht auszuschließen, dass man nur herausfindet, was man nicht weiß, und bei Diogenes in der Tonne Unterschlupf sucht, weil nichts bleibt als den Alexandern dieser Welt ein launiges »Geh mir aus der Sonne« entgegenzuschleudern. Philosophische Erkenntnis mag auf den ersten Blick unnütz sein, aber ein Grund für die Verwerfungen und das Leid auf der Erde liegt darin begründet, dass Menschen ihre Meinungen vorschnell für Wissen halten. Deshalb ist die Einsicht in die Beschränktheit des eigenen Wissens ein kaum zu überschätzendes Gut.

Was folgt also daraus, wenn man einsieht, dass die Grenze, die Menschen zwischen sich und allen anderen Tieren ziehen, nicht in der Natur der Sache liegt, sondern eine ethische Setzung ist? Auf den ersten Blick scheint sie naturwissenschaftlich bewiesen, philosophisch ausbuchstabiert und juristisch codiert. Versucht man jedoch den Unterschied wirklich zu begreifen, verwischt er ein ums andere Mal bis zur Unkenntlichkeit. Es gibt weder evidente naturwissenschaftliche noch kulturwissenschaftliche oder philosophische Kriterien, die eine definitive Grenzziehung zwischen Menschen und Tieren zulassen. Der reale Unterschied ist eine kommunikative Grenze und eine ethische Setzung: Tiere dürfen getötet werden, Menschen nicht. Es ist eine Wahrheit, die einem einfachen und alten natürlichen Umstand geschuldet ist. Einer muss sterben, damit die anderen leben können. Es ist nicht die Schuld der Menschen, dass die Natur so eingerichtet ist. Dieses eine Mal trifft uns keine Schuld. Und dennoch macht es einen Unterschied, wie man tötet.

Um ein anderes Verhältnis zu den Tieren möglich zu machen, ist es geboten, zu begreifen, was uns zu Menschen macht. Es ist die Vernunft und das damit verbundene Versprechen, dass die Welt nicht ist, wie sie ist, sondern immer auch anders sein könnte. Menschen sind niemals fertig, sondern müssen immer auch als Möglichkeit, als Potenz und Versprechen gedacht werden. Wenn sie die Ausrichtung auf das, was möglich ist, verlieren und aufhören, daran zu glauben, dass sie auch etwas anderes sein könnten, als sie schon sind, verlieren sie ihre besondere menschliche Qualität und das utopische Moment: den Kern der menschlichen Natur. Dieses dynamische Moment, dieser Unruheherd, diese Einsicht in das, was sein könnte, ist das Signum unserer Art. Wenn der Mensch als Ergebnis und nicht als Entwicklung bestimmt werden soll, verpasst man ihn ganz und macht sich der Ideologie verdächtig.

Es gibt Gründe, nicht daran zu glauben, dass die Menschen auch anders auf diesem Planeten leben können, als sie es derzeit tun. Es stellt sich also die Frage, ob es das schon war mit den Menschen, mit uns? Ist das Tier, welches sich selbst fremd wurde und im Angesicht des Todes begonnen hat, kulturelle Formen zu entwickeln, ist dieses besondere Tier am Ende? Wenn es stimmt, dass seit den ersten menschlichen Gehversuchen und den Faustkeilen unglaubliche zwei bis drei Millionen Jahre vergangen sind, dann sollte man die Menschen nicht voreilig abschreiben. Es hat 100 000 Generationen gedauert, bis aus vegetarischen Affen menschliche Fleischfresser wurden, und sicher bleibt nicht mehr so viel Zeit, um uns in aller Ruhe wieder auf die Bäume zurückzuziehen. Aber die Menschen sind nicht mehr auf natürliche Rhythmen und Entwicklungen angewiesen, sondern vollständig im Reich der Kultur und der Autonomie angekommen. Der Mensch ist mehr Mensch als je zuvor. Er läuft Gefahr, an seinem eigenen Müll und seiner Ideologie zu ersticken.

Aber es muss nicht so kommen. Die technischen Fertigkeiten der Menschen sind längst ausgereift. Das Versprechen der positiven Wissenschaften ist eingelöst. Die Gestaltungsmacht der Menschen ist unbeschränkt. Alles ist möglich. Nur gibt es keinen Automatismus, der das Wissen in Handeln überführt. Um zu verhindern, dass der technische Fortschritt die Biosphäre weiterhin völlig aus dem Gleichgewicht bringt und nur dem Reichtum einiger weniger dient, bedarf es eines politischen Willens, der auf das gute Leben aller zielt.

Ein Schritt dorthin ist eine kulinarische Revolution, ein radikaler Wandel der Art und Weise, wie sich die Menschen aus der Welt nähren. Die beiden alten Fragen, die die Menschen aus der

Natur geerbt haben, müssen neu beantwortet werden. Wer darf getötet werden? Und wie wird die Nahrung verteilt? Diese beiden grundlegenden moralischen Fragen haben die Menschen aus der Natur übernommen, und bis heute haben sie keine guten Antworten auf sie gefunden. Es ist beschämend. Wir sind an den ersten beiden Fragen gescheitert. Und eine andere Frage steht schon im Raum: Wie könnt ihr das zulassen?

Da die industrielle Tierhaltung maßgeblich zum Verlust der Biodiversität und zum täglichen Ökozid beiträgt, müssen sich die Ernährungsgewohnheiten der Menschen ändern. Viele Probleme ließen sich lösen, wenn Menschen die anderen Tiere nicht mehr maßlos fressen und aus Profitgier töten dürften. Das Töten muss sein Stigma verlieren und als Teil des Lebens ins Bewusstsein und in den Alltag zurückgeholt werden. Es gehört zum Leben dazu, aber die Fremdheit von einst ist heute zur Entfremdung geworden. Sie dient nicht mehr der Herausbildung neuer Strukturen, sondern hält uns in atemlosen Stillstand gefangen. Am Anfang einer Erneuerung geht es darum, das Gefühl der Fremdheit zuzulassen und auf dieser Grundlage über eine andere ethische Haltung den Tieren gegenüber nachzudenken. Viele Naturwissenschaftlerinnen und Naturwissenschaftler haben sich bereits von der Idee der Höherentwicklung in der Natur verabschiedet, und auch Philosophinnen und Kulturanthropologen formulieren die Stellung der Menschen nicht mehr in Abwertungsprozessen gegenüber unseren Mitgeschöpfen. Ein neuer Geist ist schon da.

Noch sind wir eine Avantgarde, aber der Blick in die Geschichte lehrt, dass geistige Revolutionen nicht vorhersehbar sind. Es wären keine Revolutionen, wenn alle bereits wüssten, dass die Dinge dabei sind, sich zu ändern. Es geht darum, Tiere und Menschen nicht länger als seelenlose Ressourcen zu betrachten und sich dafür empfänglich zu machen, dass es längst anders gehen könnte. Es muss keiner mehr getötet werden, damit die anderen leben können. Die Bourgeoisie hat ihre welthistorische Aufgabe erfüllt: Die technischen Produktionsmittel sind ausgereift. Wir können genug Nahrung für alle anbauen. Wir bauen schon genug an, sie muss nur anders verteilt werden. Die alten Fragen können jetzt neu beantwortet werden.

Wer aus ästhetischem Vergnügen noch Fleisch essen will, tötet selbst oder ist dabei, wenn eine ausgebildete Schlachterin, ein Schochet, eine Schamanin oder ein Opferpriester das Tier in einer dafür vorgesehenen Umgebung tötet. Wenn Menschen sich dem Akt des Tötens stellen, statt ihn zu verdrängen, kommen sie schnell zu einem anderen Umgang mit den Tieren. Die Entfremdung zwischen Menschen und Tieren ginge zurück, die Achtsamkeit gegenüber den Mitgeschöpfen wüchse, man lernte neu kochen. Die Menschen wären gesünder und agiler. Einige alte asiatische Ernährungslehren wissen es schon lange. In der ayurvedischen Küche, der Traditionellen Chinesischen Medizin und der buddhistischen Tenzoküche macht Fleisch nur einen kleinen Teil der Ernährung aus oder wird ganz gemieden. Moderne wissenschaftliche Untersuchungen bestätigen die intuitiven Erkenntnisse: Viel Fleisch ist schädlich und macht körperlich und geistig krank. Würden die Menschen sich anders ernähren, wären sie weniger gereizt und nicht mehr so gierig. Man könnte dem moralischen und spirituellen Nihilismus unserer Zeit etwas entgegensetzen. Gaia würde es besser gehen. Es bestünde Hoffnung.

Damit es dazu kommt, braucht es eine Ethik der Kohabitation, einen Vertrag zwischen allen Lebewesen, eine demokratische Ordnung, die nicht nur die Menschen, sondern alle Lebewesen mitdenkt, die gemeinsam die Biosphäre des Planeten bewohnen und einander Wohnstätte, Nahrung und Familie gleichermaßen sind. Man darf an dieser Stelle nicht in die Irre gehen und denken, dass es um »die Umwelt«, »die Tiere« oder »die Natur« ginge. Es geht auch nicht nur um »empfindungsfähige Tiere«[106], wie der Philosoph Bernd Ladwig meint. Es geht ums Ganze.

Als Fleischfresser und Kannibalen sind die Menschen zu einem ökologischen Störenfried geworden, und entweder die Menschen nehmen ihren Platz im großen Kreislauf des Lebens neu ein oder die evolutionären Kräfte werden uns, ohne mit der Wimper zu zucken, wieder zerreiben. Die Menschen sind auf ihrem Weg von vegetarischen Affen zu zahnlosen Metzgern kläglich gescheitert. Es ist Zeit, einzusehen, dass die alte Idee der Natur und die Vorstellung der menschlichen Sonderstellung falsch sind. Wir können jetzt wieder einen Platz unter vielen im ökologischen Ganzen der Natur einnehmen. Die technischen Mittel dazu sind längst ausgereift. Die Menschheit produziert bereits genügend Nahrung für alle – sie wird nur nicht gerecht verteilt. Noch mal, weil hier große Irrtümer vorherrschen: Es gibt kein Produktionsproblem mehr. Es gibt ein Verteilungsproblem. Mit der ersten Frage, ›Wer darf getötet werden?‹, muss auch die zweite Frage, ›Wer bekommt welchen Teil der Beute? Wie wird die Nahrung verteilt?‹, neu beantwortet werden. Es braucht eine Ethik des Teilens unter den Menschen, die die Ethik der Kohabitation begleitet.

Damit dies gelingt, muss das Verhältnis von privat und politisch neu justiert werden. Und das Kochen ist die soziale Praxis, die dies möglich macht. Die Küchen sind Orte der Versammlung – sie stehen im Zentrum einer gesellschaftspolitischen Renaissance des utopischen Denkens. Sie sind Ort des Gesprächs und des kultivierten Austauschs. Als kommunale Gemeinschaftsküchen sättigen sie auch die Armen, und wenn sie eine konstitutive Stellung im Staat bekommen, werden sie dazu beitragen, die demokratischen Strukturen durchlässiger zu machen und die dringend nötige Demokratisierung der Demokratie voranzubringen.

Die Dekadenz der urbanen Eliten, die offenbar der Meinung sind, dass sie politische Menschen seien, weil sie im Biomarkt einkaufen, muss aufgeklärt werden. Besonders ihnen sollte die Bundeszentrale für politische Bildung die Unterschiede zwischen individuellem Konsum und gesellschaftspolitisch relevantem Handeln erklären – gerne auch auf Instagram. Nichts ändert sich, wenn nur die Wohlhabenden ihr Konsumverhalten umstellen. Ein Individuum, das einkauft, mag eine gute Absicht haben, aber die Absicht allein macht noch kein politisches Subjekt. Politisches Handeln bedeutet, dass man sich in politische Prozesse einbringt und Verantwortung für die Mitgestaltung des Gemeinwesens übernimmt – oder neue Wege der politischen Partizipation entwickelt.

Beim gemeinsamen Kochen und Teilen der Nahrung entsteht ein ziviler Raum, der Versöhnung möglich macht. Dieses Potenzial entspringt der Küche. Wenn man für Menschen kocht und alle gemeinsam essen und satt werden, stellt sich ein friedvoller Ton ein. Die Stimmen werden bauchiger und entfalten ihre beruhigende Wirkung. Freilich ist dieser Raum der Sublimation und der Zivilität immer bedroht. Er ist umkämpft und nie eindeutig. Deshalb ist es von außerordentlicher Bedeutung, Techniken der Wahrnehmung und der Aufmerksamkeit zu kultivieren, die zu geistiger Klarheit, Gegenwart, Teilhabe und Mitgefühl führen. Ein Weg dorthin ist die Wertschätzung des gemeinsamen Kochens und Speisens, der Versuch, sich täglich in der eigenen kulinarischen Praxis zu üben. Jede und jeder Einzelne sollte sich der eigenen Fremdheit stellen und mit den anderen Menschen darüber austauschen, wie wir leben und wie wir uns aus der Welt nähren wollen. Kann ich kochen? Wann kochen wir das nächste Mal für Menschen, die wir gern haben? Was wollen wir essen? Woraus wollen wir bestehen? Aus dieser privatim geschöpften

Kraft kann sich eine andere politische Haltung ableiten. Es können neue kulinarische Rituale erprobt werden, die über den privaten Gebrauch hinaus als Mittel zur Gestaltung der Gemeinschaft und der Gesellschaft fruchtbar gemacht werden können. Die Pflege, Kultivierung und Wertschätzung der kulinarischen Praxis ist für den Erhalt einer zivilen Gesellschaft von kaum zu überschätzender Bedeutung.

Ob dies gelingt, ist offen. Die Tendenzen sind widersprüchlich. Vielleicht werden Menschen in hundert Jahren zurückschauen, den Fleischkonsum des spätkapitalistischen Zeitalters als ein Symptom einer dekadenten Gesellschaft erkennen und darüber spotten, wie wir es heute mit den Biersuppen machen, die es noch vor wenigen Jahrhunderten in Europa zum Frühstück gab. Vielleicht wird sich gar nichts ändern und es bleibt einer kleinen Elite vorbehalten, aus gesundheitlichen und modischen Gründen weniger und besseres Fleisch zu essen. Ich verzichte lieber auf den Blick in die Glaskugel, erinnere mich, dass die Evolution nie abgeschlossen, sondern immer – mit jedem Atemzug und jedem Bissen – wirksam ist, und frage, was heute zu tun ist, damit es morgen besser sein *könnte*.

Wenn denn nun einer fragt, leben wir in einem kulinarisch aufgeklärten Zeitalter? So muss man den Kopf schütteln und verneinen. Doch mit dem Selbstbewusstsein eines kochenden Menschen kann man den Kopf wieder heben und antworten: wohl aber in einem Zeitalter der kulinarischen Aufklärung.

Anmerkungen

1 Kant, Immanuel. Mutmasslicher Anfang der Menschengeschichte. S. 85–104. In: Schriften zur Anthropologie, Geschichtsphilosophie, Politik und Pädagogik 1. Suhrkamp Frankfurt am Main, 1977.

2 Darwin, Charles. Die Entstehung der Arten. Reclam Stuttgart, 2010.

3 Während Linné in der ersten Auflage seiner *Systema naturæ* der Art »Homo« noch ein lakonisches »Nosce te ipsum« [Erkenne Dich selbst] anfügte, wurde unsere Art in der 12. Auflage zum »Homo sapiens«. Vgl. Linné, Carl von. Systema naturæ, sive regna tria naturæ systematice proposita per classes, ordines, genera, & species. 1. Auflage. 1735. Linné, Carl von. Systema naturæ per regna tria naturæ, secundum classes, ordines, genera, species, cum characteribus, differentiis, synonymis, locis. 12. Auflage. 1758.

4 Vgl. z.B. Harari, Yuval Noah. Eine kurze Geschichte der Menschheit. Pantheon München, 2015. S. 34; Tomasello, Michael. Die kulturelle Entwicklung des menschlichen Denkens. Suhrkamp Frankfurt am Main, 2006. S. 17; Wilson, Edward. Die soziale Eroberung der Erde. Eine biologische Geschichte des Menschen. C. H. Beck München, 2014. S. 322ff.

5 Dobzhansky, Theodosius. Mankind Evolving. [dt.:] Dynamik der menschlichen Evolution. Gene und Umwelt. Fischer Hamburg, 1965.

6 Darwin, Charles. Die Abstammung des Menschen und die sexuelle Selektion. Reclam Stuttgart, 2012; Fischer, E. P. Das große Buch der Evolution. Fackelträger Köln, 2008; Herder, Johann Gottfried. Abhandlung über den Ursprung der Sprache. Reclam Stuttgart, 2015; Kegel, Bernhard. Epigenetik. Wie unsere Erfahrungen vererbt werden. DuMont Köln, 2009; Kropotkin, Peter. Gegenseitige Hilfe in der Tier- und Menschenwelt. Trotzdem Aschaffenburg, 2011 (1902); Lorenz, Konrad. Kants Lehre vom Apriorischen im Lichte

gegenwärtiger Biologie. 1941; Mayr, Ernst. Das ist Evolution. Goldmann München, 2005; Monod, Jacques. Zufall und Notwendigkeit. Philosophische Fragen der modernen Biologie. dtv München, 1975; Pettit, Philip. The Birth of Ethics. Reconstructing the Role and Nature of Morality. Oxford University Press Oxford, 2018; Tomasello, Michael. Eine Naturgeschichte der menschlichen Moral. Suhrkamp Berlin, 2020; Tomasello, Michael. Warum wir kooperieren. Suhrkamp Frankfurt am Main, 2010. Uexküll, Jakob von. Umwelt und Innenwelt der Tiere. Springer Berlin, 2014; Uexküll, Thure von. Der Mensch und die Natur. Grundzüge einer Naturphilosophie. Francke Bern, 1953; Voss, Julia. Darwins Bilder. Ansichten der Evolutionstheorie 1837–1874. Fischer Frankfurt am Main, 2007. Wilson, Edward. Die soziale Eroberung der Erde. Eine biologische Geschichte des Menschen. C. H. Beck München, 2014.

7 Evidence of Hominin Control of Fire at Gesher Benot Ya'aqov, Israel. Naama Goren-Inbar, Nira Alperson, Mordechai E. Kislev, Orit Simchoni, Yoel Melamed, Adi Ben-Nun and Ella Werker. DOI: 10.1126/science.1095443. Science 304 (5671), 725–727; Alperson-Afil, Nira u. Goren-Inbar, Naama. The Acheulian Site of Gesher Benot Ya'aqov Volume II. Ancient Flames and Controlled Use of Fire. Springer Press 2010.

8 Goren-Inbar, Naama. In: Berlant, Tony u. Wynn, Thomas. First Sculpture: Handaxe to Figure Stone. Nasher Sculpture Center Dallas, 2018. S. 55.

9 Sicher gibt es ähnliche Gedanken. Man denke an den einzigartigen Claude Lévi-Strauss. Auch Peter Kubleka hat darüber gesprochen. Aber sie haben ihre Gedanken nicht systematisch niedergelegt. Richard Wrangham hat mit seinem Buch *Feuer Fangen. Wie uns das Kochen zum Menschen machte – eine neue Theorie der menschlichen Evolution* (2009) ähnliche Gedanken verfolgt, aber er bleibt einem biologistischen Ansatz verhaftet und weiß zur Entwicklung des Bewusstseins wenig zu sagen.

10 Bachelard, Gaston. Psychoanalyse des Feuers. Carl Hanser München, 1985.

11 z.B. Kimmerer, Robin Wall. The Democracy of Species. Penguin Random House Ireland Dublin, 2013. Oder natürlich auch Donna Haraway.

12 Props gehen raus an Friedemann Karig und Samira El Ouassil für ihr Buch Erzählende Affen: Mythen, Lügen, Utopien. Ullstein Berlin, 2021.

13 Schrott, Raoul. Epos Erste Erde. Carl Hanser München, 2016. S. 568.

14 Brillat-Savarin, Jean Anthelme. Physiologie des Geschmacks. Koehler & Amelang Berlin, 1991. S. 23.

15 Mayr, Ernst. Das ist Evolution. Goldmann München, 2005. S. 291.

16 Vgl. Bataille, Georges. Die Erotik. Matthes & Seitz Berlin, 2020. S. 24.

17 Vgl. Langenscheidt Taschenwörterbuch Latein. Pons Stuttgart, 2012. S. 480; Wörterbuch für Schule & Studium Latein. Pons Stuttgart, 2016. S. 832.

18 Korsgaard, Christine M. Tiere wie wir. Warum wir moralische Pflichten gegenüber Tieren haben. Eine Ethik. C. H. Beck München, 2021. S. 58.

19 Wer dieses Verhalten jetzt gleich mit Magnetfeldern erklären will, sollte noch mal prüfen, ob diese Vorstellung wirklich etwas erklärt, und zweitens sei daran erinnert, dass auch die menschliche Sprache als physikalisches Phänomen beschreibbar ist.

20 Hölldobler, Bert u. Wilson, E. O. Auf den Spuren der Ameisen. Die Entdeckung einer faszinierenden Welt. Springer Berlin, 2016; Wilson, Edward. Die soziale Eroberung der Erde. Eine biologische Geschichte des Menschen. C. H. Beck München, 2014.

21 Der reduktive Naturalismus führt alle bewussten Prozesse und Phänomen auf die Materie (v. a. das Gehirn) zurück. Er ist eine neue Spielart des Materialismus und denkt, dass erst das Material existiert hat und alle bewussten und geistigen Phänomene aus dem Stoff entstehen – wie die Blüte einer Blume, die nur sehr selten blüht. So weit ist die Position klar, aber dann macht der reduktive Naturalismus einen Fehler und behauptet, dass das Bewusstsein oder eben die Blüte gar nicht wirklich existieren oder ohne Einfluss auf das Leben sind. Dabei wissen wir heute, dass die Blüte nicht nur schön ist, sondern der Befruchtung dient und das Leben ohne sie gar nicht möglich wäre.

22 Vgl. Nagel, Thomas. What Is It Like to Be a Bat? Reclam Ditzingen, 2018.

23 Godfrey-Smith, Peter. Der Krake, das Meer und die tiefen Ursprünge des Bewusstseins. Matthes & Seitz Berlin, 2019.

24 Darwin, Charles. Die Bildung der Ackererde durch die Thätigkeit der Würmer. März Berlin, 1983; Uexküll, Jakob Johann von. Umwelt und Innenwelt der Tiere. Springer Spectrum Berlin, 2014.

25 Darwin, Charles. Der Ausdruck der Gefühle bei Mensch und Tier. Katzmann Tübingen, 1966. / Die Abstammung des Menschen und die sexuelle Selektion. Reclam Stuttgart, 2012.

26 Vgl. u.a. Ladwig, Bernd. Politische Philosophie der Tierrechte. Suhrkamp Berlin, 2020.

27 Herder, Johann Gottfried. Abhandlung über den Ursprung der Sprache. Reclam Stuttgart, 2015.

28 Korsgaard, Christine M. Tiere wie wir. Warum wir moralische Pflichten gegenüber Tieren haben. Eine Ethik. C. H. Beck München, 2021, S. 133.

29 Harari, Yuval Noah. Eine kurze Geschichte der Menschheit. Pantheon München, 2015. S. 34.

30 Tomasello, Michael. Die kulturelle Entwicklung des menschlichen Denkens. Suhrkamp Frankfurt am Main, 2006. S. 17.

31 Siehe Anm. 3.

32 Schülerduden Philosophie. Duden Mannheim, 2009. S. 272.

33 Johanson, Donald u. Edey, Maitland. Lucy. Die Anfänge der Menschheit. Piper München, 1994.

34 Bergson, Henri. Die beiden Quellen der Moral und der Religion. Meiner Hamburg, 2019. S. 3.

35 Canetti, Elias. Masse und Macht. Fischer Frankfurt am Main, 2014. Canetti hat ebenfalls über dieses Problem nachgedacht und sich ausgemalt, wie eine urzeitliche, archaische Situation ausgesehen haben mag, die »vor der Frage in Worten lag und dieser entspricht«. Er schreibt, »Diese archaische Situation hat sich gefunden: Es ist die zweifelnde Berührung der Beute. Wer bist du? Kann man dich essen? Das Tier, unaufhörlich auf Nahrungssuche aus, berührt und beschnüffelt alles, was es findet. Es steckt seine Nase in alles hinein: Kann man dich essen? Wie schmeckst du? Die Antwort ist ein Geruch, ein Gegendruck, eine leblose Starre. (…) durch Schnüffeln und Berühren macht man sich mit ihm vertraut oder, in unsere menschlichen Sitten übersetzt: man benennt es.« S. 340.

36 Kant, Immanuel. Mutmasslicher Anfang der Menschengeschichte. S. 88.

37 Der Philosoph Friedrich Wilhelm Joseph Schelling hat in seiner Schrift *Über das Wesen der menschlichen Freiheit* von 1809 Evas Griff an den Baum der Erkenntnis gar zur ersten menschlichen Tat überhaupt hochgejazzt. Ihre Handlung eröffne dem Menschen überhaupt erst die Möglichkeit, zwischen Gut und Böse zu unterscheiden, und befördere ihn dadurch ins Reich der Moral. Wie bei Kant, Weber, Scheler etc. geht es aber auch bei Schelling zu schnell. Zwischen Natur und Moral muss man durch die Küche. Ich bitte also noch um etwas Geduld.

38 Bergson, Henri. Schöpferische Entwicklung. Coron Zürich, 1967. S. 161.

39 Berlant, Tony u. Wynn, Thomas. First Sculpture: Handaxe to Figure Stone. Nasher Sculpture Center Dallas, 2018.

40 Vgl. First Scupture. S. 19; Fuentes, Agustín. The Creative Spark. How Imagination Made Human Exceptional. Dutton New York, 2017. S. 51ff.; Parzinger, Hermann. Die Kinder des Prometheus. Eine Geschichte der Menschheit vor der Erfindung der Schrift. C. H. Beck München, 2016. S. 24.; Rutherford, Adam. The Book of Humans. The Story of How We Became Us. Weidenfeld & Nicolson London, 2018. S. 25.

41 Berlant, Tony u. Wynn, Thomas. First Sculpture: Handaxe to Figure Stone. Nasher Sculpture Center Dallas, 2018. S. 19.

42 Parzinger, Hermann. Die Kinder des Prometheus. Eine Geschichte der Menschheit vor der Erfindung der Schrift. C. H. Beck München, 2014. S. 42.

43 Cuvier Georges. Discours sur les Révolutions de la surface du Globe, et sur les changemens qu'elles ont produits dans le règne animal. Dufour et d'Ocagne Paris, 1825.

44 Bataille, Georges. Lascaux oder die Geburt der Kunst. Brinkmann & Bose Berlin, 2019.

45 Goren-Inbar, Naama. In: Berlant, Tony u. Wynn, Thomas. First Sculpture: Handaxe to Figure Stone. Nasher Sculpture Center Dalles, 2018. S. 55.

46 Benjamin, Walter. Das Kunstwerk im Zeitalter seiner technischen Reproduzierbarkeit. Reclam Stuttgart, 2011. S. 19.

47 https://de.wikipedia.org/wiki/Sch%C3%B6ninger_Speere [zuletzt abgerufen: 19.01.2023]

48 Adam Rutherford berichtet von Delphinen, die vor der Nahrungsbeschaffung ihre Schnauzen mit Schwämmen umkleiden, um sich beim Wühlen im Meeresboden nicht zu verletzen. Vgl. The Book of Humans. The Story of How We Became Us. Weidenfeld & Nicolson London, 2018. S. 43–47. Es ließen sich viele Beispiele anführen, und ich denke, dass man von gewissen rudimentären Formen des zweckrationalen Handelns – wie der Soziologe Max Weber es nennt – auch im Tierreich ausgehen kann.

49 Platon, Gorgias. In: [Hg. König, Burghard.] Sämtliche Werke. Bd 1. Rowohlts Enzyklopädie. Reinbek bei Hamburg, 2015. S. 364.

50 Weber, Max. Wirtschaft und Gesellschaft. Kiepenheuer & Witsch Köln, 1964. S. 3. Zu sozialem Handeln wird menschliches Handeln, wenn sich dieser subjektive Sinn auf andere Menschen oder deren Verhalten bezieht. Lehren und Lernen, beispielsweise wie man einen

Faustkeil herstellt, stellen sich also als natürliche und ursprüngliche Formen des sozialen Handelns dar.

51 Tomasello folgt damit Ideen, die bereits Anfang des letzten Jahrhunderts von Pjotr (Peter) Kropotkin in dem Buch *Gegenseitige Hilfe in der Tier- und Menschenwelt* formuliert wurden und sich in roher Form auch bei Elias Canetti wiederfinden.

52 Vgl. Fuentes. The Creative Spark. How Imagination Made Human Exceptional. Dutton New York, 2017. S. 69.

53 Bergson, Henri. Schöpferische Entwicklung. Coron Zürich, 1967.

54 Bergson, Henri. Schöpferische Entwicklung. Coron Zürich, 1967. S. 84. »Ursprünglich denken wir nur, um zu handeln. In der Gußform der Tat ist unser Intellekt gemodelt worden. Spekulation ist Luxus, Handeln Notwendigkeit.«

55 Bergson, Henri. Schöpferische Entwicklung. Coron Zürich, 1967. S. 43.

56 Bergson, Henri. Schöpferische Entwicklung. Coron Zürich, 1967. S. 84.

57 Härtig, Malte. Einfachheit. Eine kulturphilosophische Untersuchung der japanischen Kaiseki-Küche. Königshausen & Neumann Würzburg, 2016.

58 Mandel, Gabriele. Das Messer. Geschichte, Kunst und Kultur. Parkland Köln, 1996. S. 13–18.

59 Hegel, Georg Wilhelm Friedrich Phänomenologie des Geistes. Suhrkamp Frankfurt am Main, 1970. S. 36.

60 Kant, Immanuel. Kritik der reinen Vernunft. Meiner Hamburg, 1998. S. 57–63.

61 Das klassische Beispiel bei Kant lautet: »alle Körper sind ausgedehnt« (Kritik der reinen Vernunft. Meiner Hamburg, 1998. S. 59). Dem Begriff des Körpers wohnt die Vorstellung der Ausdehnung inne. Wenn man weiß, was ein Körper ist, kann man aus diesem Wissen folgern, dass alle Körper ausgedehnt sein müssen.
Bei Kant sind analytische Urteile nicht auf Erfahrung gegründet. Sie sind a priori möglich. Man könnte ganze Bücher über die Fragen und Probleme schreiben, die aus dieser kantischen Philosophie entstehen. Hat man auch gemacht.

62 Hegel, Georg Wilhelm Friedrich Phänomenologie des Geistes. Suhrkamp Frankfurt am Main, 1970. S. 36.

63 Canetti, Elias. Masse und Macht. Fischer Frankfurt am Main, 2014. S. 246.

64 Canetti, Elias. Masse und Macht. Fischer Frankfurt am Main, 2014. S. 109–116.

65 Canetti, Elias. Masse und Macht. Fischer Frankfurt am Main, 2014. S. 114.
66 Koelbl, Herlinde. Opfer. Edition Braus Heidelberg, 1996.
67 Goodall, Jane. The Chimpanzees of Gombe. Patterns of Behaviour. Belknap Harvard University Press Cambridge/Massachusetts, 1986.
68 Tomasello, Michael. Eine Naturgeschichte des menschlichen Denkens. Suhrkamp Berlin, 2014. S. 59ff.
69 Canetti, Elias. Masse und Macht. Fischer Frankfurt am Main, 2014. S. 115.
70 Tomasello, Michael. Eine Naturgeschichte des menschlichen Denkens. Suhrkamp Berlin, 2014.
71 z. B. Identität, Ähnlichkeit und Verschiedenheit, Analogien, transitive Schlüsse und hierarchische Relationen. Vgl. Tomasello, Michael. Eine Naturgeschichte des menschlichen Denkens. Suhrkamp Berlin, 2014. S. 69.
72 Ardrey, Robert. Der Wolf in uns. Die Jagd als Urmotiv menschlichen Verhaltens. Krüger Frankfurt am Main, 1977.
73 Burkert, Walter. Anthropologie des religiösen Opfers. Mayr Miesbach München, 1984. S. 16.
74 Meuli, Karl. Griechische Opferbräuche. Gesammelte Schriften. Band 2. Schwabe Basel, 1975. S. 907–1021.
75 Morgan, Elaine. The Aquatic Ape. Stein & Day Pub New York City, 1982.
76 Buber, Martin. Ich und Du. Lambert Heidelberg, 1979.
77 Subjektivität ≈ Ich, *ego*, Selbstbewusstsein. Subjektivität ist eine philosophische Idee, die dem bürgerlichen Konzept von Personen und Verantwortung zugrunde liegt; Alterität ≈ der/die Andere, Du, das Gegenüber, die begriffliche Partnerin von Subjektivität. Im Gegensatz zur Formel *ego cogito, ergo sum* (ich denke, also bin ich), geht der Autor dieser Zeilen davon aus, dass die Beziehung zwischen Ich und Du am Anfang steht. Wer sich aufs *ego* zurückzieht, ist verloren. Nur in der Beziehung ist Leben möglich.
78 Ich teile sogar mit Epikur und Thomas Nagel die Position, dass der Tod gar nichts ist – und das war's.
79 Weber, Max. Wirtschaft und Gesellschaft. Kiepenheuer & Witsch Köln, 1964. S. 335.
80 Ebenso wie die Bedeutungen ›großes Messer‹ und ›Betrüger‹. Vgl.: Frisk, Hjalmar. Griechisches Etymologisches Wörterbuch. Winter Heidelberg, 1970; Pape, Wilhelm. Etymologisches Wörterbuch der griechischen Sprache. Akademische Druck- u. Verlagsanstalt Graz-Austria Graz, 1954. S. 78f.; Prellwitz, Walther. Etymologisches

Wörterbuch der griechischen Sprache. Vandenhoeck & Ruprecht Göttingen, 1905. S. 277; Beekes, Robert. Etymological Dictionary of Greek. Brill Leiden, 2010. S. 888.

81 Jung, Carl Gustav. Zur Psychologie der Tricksterfigur. In: Archetypen. dtv München, 2014. S. 207.

82 Meuli, Karl. Griechische Opferbräuche. Gesammelte Schriften. Band 2. Schwabe Basel, 1975. S. 963.

83 Der zentrale Aufsatz zu dieser Frage ist m. W. im Jahr 1941 von dem Biologen Konrad Lorenz geschrieben worden. Der Titel des Textes lautet »Kants Lehre vom Apriorischen im Lichte gegenwärtiger Biologie«. Da sich Konrad Lorenz zeit seines Lebens als Rassist gezeigt hat und im Jahr des Erscheinens dieses Textes dem nationalsozialistischen Terror diente, kann keine einfache Bezugnahme auf den Text geschehen. Eine ausführliche Beantwortung der Frage, wie mit diesem geistigen Erbe umzugehen sei, steht aus.

84 Vgl. hierzu: Kegel, Bernhard. Epigenetik. Wie unsere Erfahrungen vererbt werden. DuMont Köln, 2009.

85 Rutherford, Adam. The Book of Humans. The Story of How We Became Us. Weidenfeld & Nicolson London, 2018. S. 175ff. Einige Vertreter der noch jungen Disziplin der genetischen Naturgeschichte haben einem Gen den Namen »FOXP2« gegeben und behaupen, damit die Entstehung der menschlichen Sprache auf rund 40 000 bis 70 000 Jahre vor unserer Zeit datieren zu können.

86 Maynard Smith, John u. Szathmáry, Eörs. Evolution: Prozesse, Mechanismen, Modelle. Spektrum Heidelberg, 1995. S. 318.

87 Tugendhat, Ernst. Anthropologie statt Metaphysik. C. H. Beck München, 2010. S. 44

88 Pettit, Philip. The Birth of Ethics. Reconstructing the Role and Nature of Morality. Oxford University Press Oxford, 2018; Tugendhat, Ernst. Egozentrizität und Mystik. C. H. Beck München, 2006.

89 Tugendhat, Ernst. Egozentrizität und Mystik. C. H. Beck München, 2006. S. 19.

90 Aristoteles. Politik. Meiner Hamburg, 2012. S. 6.

91 Tugendhat, Ernst. Anthropologie statt Metaphysik. C. H. Beck München, 2010. S. 22.

92 Tomasello, Michael. Eine Naturgeschichte des menschlichen Denkens. Suhrkamp Berlin, 2014. S. 54ff., S. 201.

93 Tomasello, Michael. Die kulturelle Entwicklung des menschlichen Denkens. Suhrkamp Frankfurt am Main, 2006. S. 17.

94 Tugendhat, Ernst. Egozentrizität und Mystik. C. H. Beck München, 2006. S. 21.

95 Kant, Immanuel. Mutmasslicher Anfang der Menschengeschichte. S. 86.

96 Tugendhat, Ernst. Egozentrizität und Mystik. C. H. Beck München, 2006. S. 19.

97 Pettit, Philip. The Birth of Ethics. Reconstructing the Role and Nature of Morality. Oxford University Press Oxford, 2018. S. 60.

98 Auch zeitgenössischen Theorien über die Menschwerdung wie der von Tomasello liegen sie noch zugrunde. Er knüpft das Neue der menschlichen Art an die menschliche Kooperationsfähigkeit. Die Möglichkeit miteinander zu kooperieren sei in den Menschen besonders stark ausgeprägt. Bei Affen beobachtet er dagegen nur Konkurrenz. Aus seiner Sicht können Affen sich nicht in andere Affen hineinversetzen. Sie können die Perspektive der anderen nicht in dem Maße einnehmen, wie es unter Menschen möglich ist, und sind deshalb nicht im selben Maße zur Kooperation in der Lage wie Menschen. Ich verstehe zwar seine Methode, aber ich halte es angesichts eines globalen Wirtschaftssystem, das auf Konkurrenz beruht, für verfehlt, die menschliche Kooperationsbereitschaft näher zu bestimmen, indem man sie von dem Konkurrenzverhalten der Affen abgrenzt. In jedem Fall werden die Affen bei ihm zu Vertretern einer amoralischen Natur und als Beispiel verwendet, um die besondere Qualität der menschlichen Art zu zeigen.

99 Korsgaard, Christine M. Tiere wie wir. Warum wir moralische Pflichten gegenüber Tieren haben. Eine Ethik. C. H. Beck München, 2021, S. 133. S. 69.

100 DeVore, Irven u. Lee, Richard (Hrsg.). Man the Hunter. The First Intensive Survey of a Single, Crucial Stage of Human Development – Man's Once Universal Hunting Way of Life. Aldine Chicago, 1968.

101 Fuentes, Agustín. The Creative Spark. How Imagination Made Human Exceptional. Dutton New York, 2017. S. 69ff.; Pettit, Philip. The Birth of Ethics. Reconstructing the Role and Nature of Morality. Oxford University Press Oxford, 2018. S. 146; Tomasello, Michael. Eine Naturgeschichte des menschlichen Denkens. Suhrkamp Berlin, 2014. S. 15, 59ff.

102 Freud, Sigmund. Totem und Tabu. Nikol Hamburg, 2014. S. 29.

103 Vgl. Senthuran Varatharajah beim Textland Literaturfest 2020. https://www.youtube.com/watch?v=dHSwOTd4F0A&t=3730s, 1:02:06.

104 Canetti, Elias. Masse und Macht. Fischer Frankfurt am Main, 2014. S. 262.

105 Canetti, Elias. Masse und Macht. Fischer Frankfurt am Main, 2014. S. 115.

106 Ladwig, Bernd. Politische Philosophie der Tierrechte. S. 52.

Leon Joskowitz hat nach dem Studium der Philosophie viele Jahre auf kulinarischer Wanderschaft verbracht. Heute arbeitet er als freier Autor und Ethiklehrer. »Vom Kochen und Töten« ist sein Debüt.